加密数字货币的智慧治理

监管技术体系架构构建

陈哲立 杨 东 著

人民出版社

序　言

西拉姆·拉马克瑞斯纳 *

　　加密数字货币（Cryptocurrency）在数字化时代的兴起，蕴含着范式性重构金融基础设施的深刻潜力。加密数字货币的出现首先冲击与重建了传统的中心化信用体系。区块链技术通过分布式记账架构，结合非对称加密、哈希时间戳等密码学算法，构建了不依赖传统信用中介的价值转移机制，使交易验证从机构权威转向数学共识。然而，加密数字货币的变革潜力受限于其内在悖论，去中心化同时带来了非理性的实践风险。加密数字货币在验证了密码学作为价值载体可行性的同时，暴露了全球金融治理的脆弱性，促使国际社会探索多边新型协调治理机制。

　　加密数字货币的技术特征对传统社会治理体系构成了结构性挑战，分布式架构、去中心化运作及跨境流动性突破了主权国家监管的传统边界。智慧治理（Smart Governance）概念的兴起正是对加密数字货币挑战的系统性回应。加密数字货币所依赖的分布式账本技术具备着可编程的规则建构能力，可以形成一定的内生治理机制，例如智能合约和分布式自治组织（DAO）等。但是，加密数字货币诞生以来的实践证明，分布式账本上的内生治理机制在应对加密数字货币所带来复杂风险时具有明显的局限性，

---

　*　新加坡国立大学教授，中国工程院外籍院士。印度国家工程院院士、英国皇家工程院院士、新加坡工程院院士、东盟工程技术学会院士、国际工程技术学会院士和美国科学院院士。

加密数字货币的金融风险、社会风险仍然会传导到分布式账本之外的现实世界之中。因此，加密数字货币需要融合内生治理机制与外部监管需求，通过智慧治理实现动态合规与风险自适应。

人工智能（AI）作为智慧治理的核心架构引擎，可以推动加密数字货币的治理逻辑从单一范式到多元共治范式的跃迁。智慧治理需要通过 AI 的动态学习能力，将社会情绪、监管政策等链下市场信号与智能合约形态的链上规则实时耦合，通过算法理性重构代码治理与法律治理的权力分配关系，最终形成"法律 –AI– 区块链"三元共治的智慧治理形态。具体而言，现实世界的权力机构通过立法活动和司法活动建立法律规则，设定基本的行为框架，并通过监管开发者来间接改变代码规则。计算机网络的开发者在区块链上编写代码规则，可以通过非互动式程序逻辑直接改变和约束区块链参与者的链上行为，同时区块链以不可篡改性保障规则透明。AI 作为协调中枢，可以同时解析法律文本和区块链代码，化解法律规则和代码规则之间的紧张关系，通过算法效率优化微观决策。三者的平衡架构将技术理性转化为社会风险化解与行业生态活力之间的动态平衡器，推动加密数字货币实践从单一的代码规则治理转向算法驱动的多元利益共识治理。

加密数字货币天然适宜于践行智慧治理理念，应当成为智慧治理的探索第一步。一方面，加密数字货币所依赖的区块链技术具有去中心化信任机制，确保了区块链上的代码规则始终能够得到有效执行。另一方面，区块链的透明账本可以为 AI 提供高质量链上数据，例如交易流、地址关联等，有效契合 AI 的训练需求。在特殊的技术背景加持下，加密数字货币成为了智慧治理的最佳试验田，应当首先从加密数字货币开始检验智慧治理理论的科学性。

杨东教授和陈哲立博士的新书《加密数字货币的智慧治理》从加密数字货币的实际现状出发，分析加密数字货币的金融风险、环境风险、社会风险、内容风险等机制，充分论证了引入智慧治理理念应对加密数字货币的必要性。本书针对加密数字货币适用监管科技、"以链治链"等创新理论，结合杨东教授原创的"共票"理论，具体阐述了加密数字货币智慧治理所需的监管技术，并初步尝试了设计加密数字货币监管技术体系架构，是一次非常有益的尝试。不仅有助于解决加密数字货币的监管难题，也对智慧治理理论的实践转化有着重要的促进作用。

Seeram Ramakrishna

2025 年 6 月 20 日

目　录

第一章　加密数字货币发展现状概述

加密数字货币的概念并不完全明晰，通常指以比特币为代表、基于分布式账本技术的一类虚拟财产。实际上，分布式账本亦并非预先存在的技术，而是从比特币诞生之后，比特币等早期加密数字货币所使用的特殊数据结构被总结归纳为分布式账本技术。因此，本章第一节先回顾了早期加密数字货币的历史以及分布式账本技术的一般原理。随着比特币的成功，多种其他加密数字货币相继出现，加密数字货币呈现出多样化发展的趋势，本章第二节介绍了一些代表性的加密数字货币。加密数字货币带来了多样的产业生态，加密数字货币交易所是其中的最重要核心，本章第三节对此作了介绍。为了研究加密数字货币的智慧治理方案，本章第四节还介绍了全球范围内对加密数字货币的监管政策现状，以明确目前所存在的主要问题。

第一节　早期加密数字货币与分布式账本

加密数字货币与其他类似的概念数量众多，内涵不明确，定义存在一定的争议。然而，单纯的理论研究并不能有效划定研究对象的范围。因此，本节在简要介绍加密数字货币的相关概念争议之后，回顾加密数字货币的发展历史，并主要介绍比特币（Bitcoin，BTC）、以太币（Ether，

ETH）、瑞波币（XRP）三种早期的加密数字货币。比特币作为第一种广泛使用的加密数字货币，对加密数字货币的概念形成起到了至关重要的作用。以太币是基于以太坊（Ethereum）的加密数字货币，以太坊最早实现了可编程的性质，极大扩张了加密数字货币的应用范围。瑞波币是一种旨在优化银行间国际交易的加密数字货币，基于一种非区块链的分布式账本技术，在技术上值得特别关注。

一、加密数字货币的概念争议与一般特征

加密数字货币的英文为 cryptocurrency，是 cryptographic currency 的缩写，又译加密货币或密码学货币，有时也被称作虚拟货币（virtual currency），是一种使用密码学原理来确保交易安全及控制交易单位创造的交易媒介，属于数字资产（digital asset）的一种。加密数字货币基于去中心化的共识机制，与依赖中心化监管体系的银行金融系统相对。最早的加密数字货币就是 2009 年诞生的比特币，早期的加密数字货币还包括以太币和瑞波币，它们的出现划定了加密数字货币的一般特征。

（一）加密数字货币的概念争议

2014 年，欧洲银行管理局（European Banking Authority，EBA）对加密数字货币进行了如下的定义："加密数字货币是价值的一种数字表达，其并非由中央银行或公共权威机构发行，也不一定与某一法定货币挂钩，但被自然人或法人接受用于支付手段，可以进行电子化转移、储藏或交易。"该定义虽然可能并没有完全概括出加密数字货币的性质和特征，但对加密数字货币是价值的一种数字表达的定义非常准确，区块链在金融领域的应用就是达成了价值的数字化，让互联网的信息传递转变为价值传递。以比特币为代表的加密数字货币有以下特征：采

用区块链技术、去中心化、可购买某些商品和服务、与法定货币双向兑换。

2018 年 3 月，韦氏词典宣布将加密数字货币收入词典，它的定义如图 1-1 所示。

Cryptocurrency noun cryp·to·cur·ren·cy\,krip-tō-ˈkər-ən(t)-sē,-ˈkə-rən(t)-sē\: *any form of currency that only exists digitally, that usually has no central issuing or regulating authority but instead uses a decentralized system to record transactions and manage the issuance of new units, and that relies on cryptography to prevent counterfeiting and fraudulent transactions. First Known Use: 1990*

图 1-1　韦氏词典中关于加密数字货币的定义

即，任何形式的仅以数字形式存在的货币，通常没有中央发行或监管机构，而是使用分散的系统来记录交易和管理新单位的发行，并依靠密码学来防止伪造和欺诈交易。

很多人认为加密数字货币都是去中心化的，但事实上，有像比特币这样完全去中心化的加密数字货币，也有像稳定币和瑞波币这样中心化的加密数字货币。

中心化加密数字货币通常由一家营利性中心组织发行，该组织建立了加密数字货币的协议，并决定谁可以参与相应的交易网络。中心化加密数字货币可以视作传统法定货币的升级版本，因为它们仍然容易受到中心化管理所面对的各种风险（欺诈、疏忽、控制）的威胁。

去中心化加密数字货币通常由非营利组织发行，所有人都可以参与去中心化加密数字货币的交易。真正去中心化的加密数字货币是完全透明的，对所有人开放，任何人都可以参与比特币网络，参与交易或成为矿工，且无须申请许可。

部分场景下，加密数字货币也被称作代币（token，亦有人译作"通证"）。通常情况下，代币是驻留在已经存在的区块链上的从属性加密数字货币，但后期经过开发在其他区块链上运行或拥有独立区块链后有时也保留代币的称呼。例如，泰达币（USDT）最初是一个使用以太坊区块链发布的以太坊代币标准 20 号（ERC-20）代币，但后期也在多个公链上运行。商用分布式设计区块链操作系统（EOS）最初也是 ERC-20 代币，后来发展出了自身专用的独立区块链。

代币的用途多种多样，依照其设计有着完全迥异的经济实质。加密数字货币的行业实务中，代币一般被分为三类：证券型代币（security token）、功能型代币（utility token）和支付型代币（payment token）。

证券型代币是指符合证券法上证券定义的加密数字货币，通常包括将公司债、股票等投资性权利表示到代币上所形成的资产。

功能型代币也可以称为实用型代币，这种代币为用户提供对产品或服务的访问权。功能型代币代表了对平台或者底层协议的一种访问权或者使用权。

支付型代币是没有发行人仅基于区块链去中心化存在，或是虽有发行人但不能向发行人主张权利的代币，支付型代币设计上是用于支付，但因为有价格波动因而也往往被当作投资对象。[1]

（二）加密数字货币的一般特征

加密数字货币的网络系统主要由以下三个成分构成。[2]

第一，加密数字货币通常基于去中心化的点对点（peer to peer，P2P）网络。加密数字货币不依赖任何中央机构来验证或促进交易。取而代之的

---

[1] FINMA, "Guidelines for Enquiries Regarding the Regulatory Framework for Initial Coin Offerings（ICOs）", 2018 年 2 月 16 日，见 https://www.finma.ch/en/~/media/finma/dokumente/dokumentencenter/myfinma/1bewilligung/fintech/wegleitung-ico.pdf?la=en。

[2] John West, "What is Cryptocurrency?", 2024 年 2 月 6 日，见 https://99bitcoins.com/cryptocurrency/。

是一个由享有同等特权的参与者组成的网络，多数加密数字货币利用区块链实现账本记录和验证交易。

第二，加密数字货币基于一定的密码学算法。密码学是在不可信环境下进行安全通信的学科。将密码学用于加密数字货币，个体之间可以进行安全通信，且不需要中央机构来验证其消息。加密数字货币的防伪是利用密码学及数字散列而成的，并由智能合约绑定约束。

第三，加密数字货币的记账需要一定的共识机制。P2P 网络上存在拥有同等权利的个体节点，通过密码学算法可以安全地交流，在此基础上还需要为加密数字货币建立记账规则。这些规则一般被称为协议，其中最重要的协议就是共识机制。共识机制是关于谁可以来更新共享交易分类账本的规则。例如，比特币使用的共识机制被称为工作量证明（PoW）。不同的加密数字货币使用不同的共识机制。

基于上述技术机制，加密数字货币具有广泛的共同特征。第一，加密数字货币实现了一定程度的去中心化，不同币种的去中心化程度不尽相同。去中心化的性质源自使用的分布式账本技术或区块链技术，与依赖中心化监管体系的银行金融系统相对，大多数加密数字货币的整个网络由用户构成，没有中央银行，去中心化是加密数字货币安全与自由的保证。第二，加密数字货币可以在全世界流通。加密数字货币可以在任意一台接入互联网的电脑上管理，不管身处何方，任何人都可以挖掘、购买、出售或收取加密数字货币。第三，加密数字货币实现了排他性归属。操控、转让加密数字货币需要私钥，它可以被隔离保存在任何存储介质，除了用户自己之外无人可以获取。第四，加密数字货币的交易费用相对较低，仅须支付较低的矿工费给其他记账节点。第五，加密数字货币无隐藏成本。加密数字货币没有烦琐的额度与手续限制，知道对方的地址就可以进行支付。

（三）发展简史

1. 加密数字货币的诞生

2008 年 10 月 31 日，一篇名为《比特币：一种点对点式的电子现金系统》的论文被发布在一个密码学邮件列表上，作者是中本聪（Satoshi Nakamoto）。然而，中本聪从未透露过自己的个人信息，他的身份也从未被证实。拉兹洛·哈涅克斯（Laszlo Hanyecz）首次使用比特币购买了两个棒约翰（PapaJohn's）的披萨，花费了 10000 比特币。截至 2024 年 3 月，这笔比特币价值已经超过 6 亿美元。

在比特币诞生之后，许多开发者开始关注中本聪的初始计划和概念。其他人则基于比特币模型进行改进或尝试改进。从比特币衍生出的最流行的加密数字货币是莱特币（Litecoin，LTC）。莱特币基于比特币的开源代码进行了一些修改，以期实现更低的费用、更快的速度和更去中心化。

2. 以太坊的创建

2013 年，以太坊创始人维塔利克·布特林（Vitalik Buterin）发表了一篇介绍性论文，介绍了以太坊（Ethereum）项目，该项目于 2015 年正式启动。以太坊涉及由一系列自动化程序验证的区块链技术，这些程序就是对交易信息有效性的共识。以太坊使用工作量证明协议，在这个协议中，一系列参与者运行软件，试图证明一个加密数字有效。目前，以太坊 2.0 的"合并"已完成升级，现已完全过渡到权益证明（PoS）作为共识机制，取代之前的工作量证明。

3. 去中心化金融（DeFi）

由于以太坊具备图灵完备的可编程功能，基于以太坊的去中心化金融（DeFi）成为可能。DeFi 使用加密数字货币和区块链技术管理金融交易。DeFi 旨在通过用点对点交易取代传统的、中心化的机构，为人们提供从日常银行业务、贷款和抵押，到复杂的合同关系和资产交易等全方位的金融服务。

制造者去中心化自治组织（MakerDAO）是一个基于以太坊网络的点对点组织，允许人们使用加密数字货币进行借贷。制造者币（MKR）代币控制着该去中心化自治组织生态系统。代币持有者可以控制制造者协议的不同方面，包括抵押债仓（CDP）的抵押物数量、年度借款，以及以太坊崩溃时的关闭。

复合金融（Compound Finance）是一个用于出借和借入数字资产的市场，包括以太币（ETH）、美元币（USDC）、算法稳定币戴币（DAI）和泰达币（USDT）。用户还可以使用复合金融治理代币（COMP）对复合金融协议的治理结构进行投票。

优理交易所（Uniswap）是一个基于以太坊的去中心化自动流动性供应协议，用户可以无须托管地访问该协议并获取流动性，在ERC-20代币之间自由交换。此外，优理币（UNI）是一种用于协议治理的代币，具备管理社区财政、切换协议费用等功能。

4.基础层（Layer-1）公链竞争

在去中心化金融（DeFi）和非同质化代币（NFT）快速发展的过程中，随着应用和用户的不断增长，以太坊面临可扩展性问题，导致系统拥堵。因此，开发人员尝试开发不同的基础层（Layer-1）公链，采取不同的数据结构和共识机制算法，以解决处理速度和容量问题。不同的基础层公链之间为争夺应用开发者和用户形成了激烈的竞争关系。

索拉纳（Solana）是一个基础层区块链网络，可以每秒处理多达50000笔交易。它关注可扩展性、安全性和去中心化，并且兼容智能合约，允许去中心化金融项目、去中心化应用（DAPP）和稳定币项目在区块链上启动。Solana的共识机制是权益证明和历史证明的结合，用于验证交易。

雪崩平台（Avalanche）是一个兼容以太坊虚拟机（EVM）的智能合约平台，用于构建自定义区块链网络，是目前速度最快的智能合约平台。雪崩币（AVAX）是雪崩平台的原生代币。它通过与平台同名的雪崩共识机制上的权益证明来保护网络，支付费用，并在雪崩平台上创建的子网络之间提供基本的账户单位。此外，网络上支付的旷工费等费用都会被销毁，作为一种通缩机制。

幻影平台（Fantom）是一个由拉刻西斯（Lachesis）协议驱动的智能合约平台，幻影平台的创新基于有向无环图（DAG）的异步拜占庭容错（aBFT）共识算法，可以在2秒内处理交易，成本低廉。幻影平台的拉刻西斯协议还完全兼容以太坊虚拟机，使幻影平台对开发者更具灵活性。

5. 非以太坊链上的替代去中心化金融（DeFi）

除了以太坊上的去中心化金融，还有一些构建在可选基础层项目上的中心化金融项目。

dYdX平台是类似于优理交易所的非托管去中心化加密数字货币交易所，部署在以太坊的二级（Layer-2）网络上。dYdX平台附设有与平台同名的治理代币，即dYdX币。代币持有者有权提议对dYdX平台对应的二级网络进行更改，并有机会通过代币质押和交易费用折扣获利。

薄饼交易所（PancakeSwap）是币安（Binance）智能链上的一个去中心化交易所，允许用户在不同的币安代币标准（BEP20）代币之间进行交易。薄饼币（CAKE）是薄饼交易所的本地治理代币，用于激励用户在薄饼交易所平台上提供流动性。薄饼币还可以质押、用于参加薄饼交易所的6小时抽奖，并与独家薄饼交易所非同质化代币（PancakeSwapNFT）进行交易。

6. 链游（GameFi）、非同质化代币（NFT）、元宇宙

沙盒（the Sandbox）是一个完全去中心化的、基于以太坊的虚拟世界，允许玩家通过去中心化自治组织（DAO）和非同质化代币（NFT）构建、拥有并盈利于他们的游戏体验。沙盒生态系统由三个相互关联的产品组成，这些产品有助于用户生成内容的生产，使平台保持社区驱动。这些产品包括体素编辑器（VoxEdit）、软件商店（Marketplace）和游戏制造者（GameMaker），让用户轻松创建、出售和享受他们的虚拟资产。

阿蟹无限（AxieInfinity）是一款由梅维斯天空（SkyMavis）公司开发的基于以太坊的游戏，结合了角色扮演游戏（RPG）与区块链，奖励玩家对生态系统的贡献。阿蟹无限是"玩赚"（play-to-earn）游戏模式的先驱之一。它有两个主要代币。平滑爱情药水（Smooth Love Potion，SLP）是阿蟹无限生态系统中用于繁殖虚拟宠物阿蟹（Axie）的 ERC-20 代币，而阿蟹本身则以非同质化的 ERC-721 代币的形式存在。

猿币（ApeCoin，APE）是猿币生态系统的 ERC-20 治理代币兼功能型代币。猿币可用于参与 ApecoinDAO（猿币去中心化自治组织），作为平台上的货币，访问猿币生态系统的独家区域，并作为激励开发者参与构建猿币生态系统的奖励。猿币生态系统包括一系列不断增长的相互连接的元宇宙和非同质化代币（NFT）项目，包括"无聊猿游艇俱乐部"（bored ape yacht club，BAYC）和"突变猿游艇俱乐部"（mutant ape yacht club，MAYC）。

（四）市场发展现况

截至 2023 年 1 月 1 日，全球加密数字货币市场共有加密数字货币 22163 种，总市值约 7986.88 亿美元。与 2022 年 1 月 1 日约 22502.54 亿美元的总市值相比，整个加密数字货币市场下跌了 14515.66 亿美元，同比下跌约 64.51%。

从整体趋势来看，整体加密数字货币市场在 2022 年处于下行趋势。

由于 2 月 24 日开启的"俄乌冲突"以及美联储在 3 月 17 日凌晨宣布了两年来的首次加息，致使市场经历了两次比较大的下行，但最终市场都能够再次回调至 2 万亿美元左右的市值水平。直至 4 月，加密数字货币市场受到美股多次加息，5 月泰拉（Terra）算法稳定币与美元脱钩，开始了持续的下行趋势。随着加密数字货币资产价格的大幅下跌，一个接一个的平台在这场币圈金融危机中倒下。其中，加密数字货币对冲基金三箭资本的破产流程已经到了清算的地步。7 月 1 日，三箭资本在美国纽约南区破产法院递交破产保护申请，宣布进入破产程序。7 月 12 日，美国法院批准了"冻结三箭资本在美剩余资产"的紧急动议。法院授权清算人可以对三箭资本的在美资产提出索赔，并指出三箭资本的创始人不再控制其账户。法院表示，除了向创始人发传票，清算人还可以向与三箭资本有资产关联的 20 多家银行和加密数字货币交易所发出传票。三箭资本的破产引起了巨大的连锁反应，因三箭资本未能偿还约 6.5 亿美元的加密数字货币贷款，一周前的 7 月 6 日，三箭资本主债人之一、加密数字货币经纪商、加拿大上市公司航海家数据（Voyager Digital）申请破产；美国东部时间 7 月 13 日，全球最大加密借贷平台之一美国加密数字货币借贷机构摄氏网络（Celsius Network）宣布，已在纽约南区美国破产法院根据联邦破产法第 11 章申请破产。此时，加密数字货币市场的市值已经跌至 1 万亿美元左右的水平，较年初跌幅在 50% 左右。后来逐渐趋于平稳。11 月，受中心化交易所 FTX 崩盘事件及其引发的一系列后续事件的影响，市场再次开启了下行趋势。12 月，另一大中心化交易所币安再次陷入监管危机中，致使市场恐慌持续蔓延。截至 2022 年年末，加密数字货币市场总市值已跌破 8000 亿美元，并且仍在小幅度下调。①

---

① 慢雾科技：《2022 区块链安全及反洗钱分析年度回顾》，2023 年 1 月 5 日，见 https://mp.weixin.qq.com/s/M73ozrG4GOF1jbVK_affjg。

表 1-1 2022 年 1—12 月加密数字货币市值 TOP30 的币种排名

月份	2022 年各月 TOP30 币种排名
1 月	BTC、ETH、BNB、USDT、SOL、ADA、USDC、XRP、LUNA、DOT、AVAX、DOGE、SHIB、MATIC、CRO、BUSD、WBTC、UNI、ALGO、LTC、LINK、UST、DAI、NEAR、BCH、ATOM、TRX、XLM、FTM、MANA
2 月	BTC、ETH、USDT、BNB、USDC、ADA、SOL、XRP、LUNA、DOT、DOGE、AVAX、BUSD、SHIB、MATIC、CRO、UST、WBTC、DAI、ATOM、LTC、NEAR、LINK、UNI、TRX、ALGO、FTT、BCH、MANA、XLM
3 月	BTC、ETH、USDT、BNB、USDC、XRP、LUNA、ADA、SOL、AVAX、BUSD、DOT、DOGE、UST、SHIB、MATIC、WBTC、CRO、DAI、ATOM、LTC、NEAR、LINK、WTRX、TRX、UNI、FTT、BCH、LEO、ALGO
4 月	BTC、ETH、USDT、BNB、USDC、SOL、XRP、ADA、LUNA、AVAX、DOT、DOGE、BUSD、UST、SHIB、MATIC、WBTC、CRO、NEAR、DAI、ATOM、LTC、LINK、UNI、TRX、BCH、FTT、ETC、ALGO、XLM
5 月	BTC、ETH、USDT、BNB、USDC、SOL、XRP、LUNA、ADA、UST、BUSD、DOGE、AVAX、DOT、SHIB、WBTC、DAI、MATIC、NEAR、CRO、TRX、LTC、BCH、FTT、LINK、LEO、ATOM、UNI、APE、XLM
6 月	BTC、ETH、USDT、USDC、BNB、ADA、XRP、BUSD、SOL、DOGE、DOT、WBTC、TRX、DAI、AVAX、SHIB、LEO、MATIC、CRO、LTC、NEAR、UNI、XLM、LINK、FTT、BCH、XMR、ETC、ALGO、ATOM
7 月	BTC、ETH、USDT、USDC、BNB、BUSD、XRP、ADA、SOL、DOGE、DAI、DOT、TRX、SHIB、LEO、WBTC、AVAX、MATIC、UNI、LTC、FTT、LINK、CRO、XLM、NEAR、ATOM、ALGO、XMR、BCH、ETC
8 月	BTC、ETH、USDT、USDC、BNB、XRP、BUSD、ADA、SOL、DOT、DOGE、AVAX、DAI、MATIC、SHIB、UNI、TRX、WBTC、ETC、LEO、LTC、FTT、LINK、NEAR、CRO、ATOM、XLM、XMR、FLOW、BCH
9 月	BTC、ETH、USDT、USDC、BNB、BUSD、ADA、XRP、SOL、DOGE、DOT、MATIC、SHIB、DAI、TRX、AVAX、LEO、WBTC、UNI、ETC、LTC、ATOM、FTT、LINK、NEAR、CRO、XMR、XLM、BCH、ALGO
10 月	BTC、ETH、USDT、USDC、BNB、XRP、BUSD、ADA、SOL、DOGE、DOT、DAI、MATIC、SHIB、TRX、AVAX、UNI、WBTC、LEO、LTC、ETC、LINK、ATOM、FTT、XLM、CRO、NEAR、XMR、ALGO、BCH

月份	2022 年各月 TOP30 币种排名
11 月	BTC、ETH、USDT、BNB、USDC、XRP、BUSD、DOGE、ADA、SOL、MATIC、DOT、SHIB、DAI、TRX、AVAX、UNI、WBTC、LTC、ATOM、LINK、LEO、ETC、CRO、FTT、ALGO、XMR、XLM、NEAR、BCH
12 月	BTC、ETH、USDT、BNB、USDC、BUSD、XRP、DOGE、ADA、MATIC、DOT、DAI、LTC、SHIB、SOL、TRX、UNI、AVAX、LINK、LEO、WBTC、ATOM、ETC、XMR、XLM、TON、BCH、ALGO、CRO、QNT

如表 1-1 所示，按照市值排名来看，除了比特币（BTC）和以太币（ETH）稳居第一、第二以外，其他加密数字货币的市值排名波动较为明显。各类币种之中，公链原生代币和稳定币仍然占据主导地位。其中，公链部分，月亮币（LUNA）因泰拉（Terra）暴雷事件，自 6 月开始已跌出前 30（TOP30）榜单；索拉纳币（SOL）因加密数字货币交易所 FTX 破产事件排名在 12 月，有所下跌。稳定币部分，泰达币（USDT）仍是市值最大的中心化稳定币，紧随其后的是美元币（USDC）与币安美元（BUSD）；算法稳定币泰拉美元（UST）与月亮币（LUNA）一样消失在前 30（TOP30）榜单中；戴币（DAI）是唯一市值进入前 30（TOP30）榜单的算法稳定币。

二、比特币

比特币（Bitcoin，BTC）是一种基于去中心化理念，采用点对点网络与共识主动性，开放源代码的加密数字货币，由中本聪在 2008 年提出，2009 年开始实际运行。比特币没有一个集中的发行方，它由网络节点的计算生成，可以在任意一台接入互联网的电脑上买卖。

比特币计划发行总量为 2100 万枚。最开始每个争取到记账权的矿工都可以获得 50 枚比特币作为奖励，之后每 4 年减半一次。预计到 2140 年，比特币将无法再继续细分，之后不再增加发行数量。

（一）发展与历史

1982 年，大卫·乔姆（David Chaum）提出不可追踪的密码学网络支付系统。8 年后，他将此想法扩展为密码学匿名现金系统，即 Ecash。

1998 年，戴伟（Wei Dai）的论文阐述了一种匿名的、分布式的电子现金系统 b-money。与此同时，尼克·萨博（Nick Szabo）发明了比特金（Bitgold），提出工作量证明机制，用户通过竞争性地解决数学难题，然后将解答的结果用加密算法串联在一起公开发布，构建出一个产权认证系统。哈尔·芬尼（Hal Finney）则把该机制完善为一种"可重复利用的工作量证明"。

2008 年 10 月 31 日，在前人的工作基础之上，中本聪（Satoshi Nakamoto）在 metzdowd.com（密码朋克）网站的邮件列表中发表了一篇论文，题为《比特币：一种点对点式的电子现金系统》（*Bitcoin: A Peer-to-Peer Electronic Cash System*）①，通常被称为比特币白皮书。

2009 年 1 月 3 日，中本聪在芬兰赫尔辛基的一个小型服务器上挖出了比特币的第一个创世区块（Genesis Block），并获得了 50 个比特币的奖励。区块链时代由此拉开序幕。1 月 12 日，中本聪在区块高度 170 向哈尔·芬尼发送了 10 个比特币，完成了比特币第一笔交易。5 月 22 日，佛罗里达州的一名程序员拉兹洛·哈涅克斯（Laszlo Hanyecz）用 10000 个比特币（2024 年 3 月价值超过 6 亿美元）换购了两块披萨，成为比特币购买实物的首次交易。7 月 17 日，第一个比特币交易平台"门头沟"（MT. Gox）创立。12 月 16 日，首个比特币矿池 Slushpool 出现。

2011 年 2 月 9 日，比特币价格首次突破 1 美元。2013 年 1 月 23 日，

---

① Satoshi Nakamoto, "Bitcoin: A Peer-to-Peer Electronic Cash System", 2008 年 10 月 31 日，见 https://bitcoin.org/bitcoin.pdf。

第一台比特币专业挖矿芯片 ASIC（Application-Specific Integrated Circuits）矿机阿瓦隆（Avalon）面世，开启了专业矿机挖矿时代。8月19日，德国成为首个承认比特币可用于缴税和其他合法用途的国家。

2014年6月17日，矿池 Ghash.io 全网算力接近51％引起社区担忧，并迅速引起比特币价格大幅下跌。9月12日，美国衍生品交易所泰拉交易所（TeraExchange）正式推出了全球首个比特币掉期合约，这也是首个获得美国监管机构批准的基于比特币的金融产品。

2019年5月25日，艾克斯链（ChainX）正式上线。作为全球最大的比特币二级网络，艾克斯链致力于通过跨链方式解决比特币扩容问题，同时赋予比特币智能合约功能。

2020年1月13日，芝加哥商品交易所上线比特币期权交易。9月26日，贝宝（PayPal）宣布将支持比特币等加密数字货币的买卖和购物服务。

（二）技术特点

1. 区块链技术

比特币的账本是通过区块链技术实现的。区块链是由多个区块连接而成的链式结构，每个区块包含多个交易记录和区块头信息。区块头信息包含版本号、前一区块的哈希值、梅克尔（Merkle）树根、时间戳、难度目标，以及随机数（nonce）等元数据信息。

比特币的区块链采用的是基于哈希的链式结构，每个区块都有一个唯一的哈希值，由区块头信息计算得到，形成了不可篡改的区块链结构。

2. 挖矿技术

比特币的挖矿过程需要解决一个数学难题，即计算区块头哈希值满足一定条件的难度目标。比特币的难度目标是动态调整的，根据当前全网的算力水平自适应调整，目的是保证全网每个区块的平均生成时间约为10分钟。

挖矿的过程是一种算力竞赛，参与节点需要不断尝试计算区块头哈希值直到找到满足难度目标的哈希值，从而获得比特币奖励。比特币奖励是一种固定数量的比特币，目前为 12.5 个比特币，每 21 万个区块（大约四年）会减半一次，这意味着比特币的发行量是有上限的，最终发行量将会稳定在接近 2100 万个。

3. 共识机制

比特币采用的共识机制是工作量证明（PoW），它需要参与节点通过消耗大量的计算资源和电力来完成区块的生成和交易的验证，从而保证整个系统的安全性和可靠性。在工作量证明机制中，算力越强的节点越容易获得比特币的奖励，这也导致比特币的挖矿竞争越来越激烈。

随着比特币的用户和交易量的不断增加，工作量证明机制也面临越来越多的问题，如能源消耗过大、网络延迟等，因此许多区块链项目正在探索其他的共识机制，如权益证明（PoS）、拜占庭容错等，以期提高系统的效率和可扩展性。

4. 密码学加密算法

比特币采用的加密算法主要是 SHA-256 算法和加密哈希函数 RIPEMD-160，它们分别用于计算区块头和比特币地址的哈希值，从而确保数据的安全性和完整性。比特币的私钥和公钥采用的是椭圆曲线加密算法（Elliptic Curve Cryptography，ECC），这种算法具有强大的加密强度和较小的密钥长度，可以提高比特币的安全性和性能。

（三）比特币的分叉与演化

分叉是指区块链网络的技术迭代升级，可以分为软分叉和硬分叉。软分叉是指升级前后的技术仍可以通用的技术变动，规模通常较小，升级后的区块链仍然继续运行，严格来说软分叉时区块链并没有实际"分叉"为两条链。而硬分叉是指升级前后的技术不可通用的技术变动，区块链的记账节点可以各自选择接受或不接受技术升级，从而导致区块链"分叉"为两条链。硬分叉也将导致相应加密数字货币分裂为两种不同的币，通常而言不接受技术升级的节点所记录的加密数字货币将沿用原有名称，而接受技术升级的节点所记录的加密数字货币将获得新的命名。在分叉时所有节点都将立刻获得与旧币相同数额的新币，随后旧币和新币将在分裂后的各自区块链上记账运行。

2017 年 8 月 1 日，比特币区块链经历了第一次重大硬分叉，产生了比特币现金（Bitcoin Cash，简称 BCH 或 BCC）。比特币现金扩大了区块链上单个区块的容量，以期提高交易速度、降低交易费用。比特币现金将单个区块的容量扩大到 8 兆字节，后来又进一步扩大到 32 兆字节，提高了区块链的交易处理能力。

2018 年 11 月 15 日，比特币现金进一步硬分叉，产生了比特币 SV（Bitcoin SV，BSV）。比特币 SV 相比于比特币现金，进一步扩大了单个区块的大小，起初扩大到 128 兆字节，后来又完全取消了区块容量上限。截至 2024 年 4 月，比特币 SV 中实际存在的区块容量最大达到了 4 吉字节。除了容量扩展外，比特币 SV 还引入了网络协议优化、交易处理算法改进、数据索引技术、网络同步机制等技术更新，提高了交易处理能力和智能合约处理能力。比特币 SV 引入了独特的太拉节点（Teranode）软件，降低了节点的工作负担。太拉节点是一种为了适应比特币 SV 巨大区块容量的节点软件，通过分散工作负载到多台机器，实现横向扩容。运用太拉节点后比特币 SV 的网络系统平均每秒能处理上百万笔交易，峰值时每秒能处理约 500 万笔交易，大大提高了交易效率。

（四）应用场景与意义

比特币实现了人类组织结构的重大创新。在人类历史上，比特币首次实现了人类在无中心管理状态下行动的统一。比特币网络的所有节点都是等权的，并没有谁负责组织指挥，但所有节点却能在共识机制的作用下齐心协力地维护完全一致的区块链。

比特币最早被提出是"点对点电子现金系统"，但是由于交易处理能力较低，比特币未能成为实用的支付工具，仅在跨境交易领域得到一些应用，或者被用于诈骗、洗钱等违法犯罪活动。但是，由于比特币存在减半规则限制，比特币的总量有限，无法增发，因而存在着天然的通缩属性，可以成为类似于黄金的价值储藏工具，长期来看可以有效抵御通胀。

与此相对，比特币分叉后所产生的衍生加密数字货币的用途则更为多元。比特币 SV 基于太拉节点实现了全方位多维度的扩容，网络处理效率大幅提升，从而可以用作便捷、实用的在线支付工具。此外，太拉节点还为开发者提供了丰富的编程接口和开发工具，简化了应用程序的开发和部署过程。开发者可以基于太拉节点的架构，基于比特币 SV 的并行处理能力优势，实现更为复杂的各类应用，包括发行稳定币、提供金融服务等。

三、以太坊

以太坊（Ethereum）是一个具有智能合约功能的开源公共区块链平台。通过其专用加密数字货币以太币（Ether，ETH）提供去中心化的以太坊虚拟机（Ethereum virtual machine）来处理点对点智能合约。以太坊的概念首次在 2013—2014 年由程序员维塔利克·布特林（Vitalik Buterin）受比特币启发后提出，旨在实现下一代加密数字货币与去中心化应用平台，在 2014 年透过首次代币发行（ICO）众筹得以开始发展。目前以太币是市值第二高的加密数字货币，以太坊亦被称为"第二代的区块链平台"。

以太坊的主要用途是用以实现智能合约（smart contract）。智能合约是存储在区块链上的程序，由各节点运行，需要运行程序的人支付手续费给节点的矿工或权益人。此外，以太坊上的智能合约可以创造代币供分布式应用程序使用。分布式应用程序的代币化让用户、投资者和管理者的利益一致。代币也可以公开发售用以融资，即所谓的首次代币发行（ICO）。

起初，以太坊使用与比特币类似的工作量证明（PoW）共识机制，后改为权益证明（proof-of-stake）共识机制。相较于工作量证明更有效率，权益证明可节省大量在挖矿时浪费的算力和电力资源，并避免特殊应用集成电路造成网络中心化。以太坊使用有向无环图的相关技术，将因为速度较慢而未及时被收入母链的较短区块链并入叔块（uncle block），以提升交易量。以太坊支持侧链（side chain）技术，用较小的分支区块链运算，只将最后结果写入主链，可提升单位时间的交易处理量。

由于以太坊具备图灵完备的可编程功能，可以开发各式各样的分布式应用程序。以太坊上的分布式应用程序不会停机，也不能被关闭。

（一）发展与历史

2013年年末，以太坊创始人维塔利克·布特林（Vitalik Buterin）发布了以太坊初版白皮书①，在全球的密码学货币社区陆续召集到一批认可以太坊理念的开发者以启动项目。

2013年12月到2014年1月，以太坊的工作重心是如何启动维塔利克·布特林在以太坊白皮书中所描绘的愿景。

2014年2月，维塔利克·布特林在迈阿密比特币会议上第一次公布了以太坊项目，并在红迪网（Reddit）上举办了第一次"问我任何事"（"Ask me anything"）活动，核心开发团队扩充为世界级的密码学团队。3—

① 《以太坊白皮书》，2024年3月10日，见 https://ethereum.org/zh/whitepaper/。

6月，以太坊发布了测试网络概念验证 3（POC3）与概念验证 4（POC4）。4月，加文·伍德（Gavin Wood）发布了以太坊黄皮书，这是以太坊的技术圣经，将以太坊虚拟机（EVM）等重要技术规格化。7月，团队创建了瑞士以太坊基金会、发布了概念验证 5（POC5），在 24 日开始了创世纪预售，同时组织了第二次"问我任何事"（"Ask me anything"）活动。

从 2014 年 7 月 24 日起，以太坊进行了为期 42 天的以太币预售，一共募集到 31531 比特币，根据当时的比特币价格折合 1843 万美元，是当时排名第二大的众筹项目。在预售前两周 1 比特币可以买到 2000 以太币，这个数量随着时间递减，最后一周，1 比特币只能买到 1337 以太币。最终售出的数量是 60102216 以太币。另外还有 0.099x（x=60102216，为发售总量）以太币被分配给在比特币融资之前参与开发的早期贡献者，另外一份 0.099x 将分配给长期研究项目。

2014 年秋季是以太坊的收获时节，在代码和运营方面都取得了很大进展。10 月 5 日发布了概念验证 6（POC6），区块时间从 60 秒减少到 12 秒，使用了新的幽灵协议 GHOST（Greedy Heaviest Observed Subtree）。2015 年 1—2 月，团队相继发布了概念验证 7（POC7）和概念验证 8（POC8）。5 月，团队发布了最后一个测试网络（POC9），代号为奥林匹克（Olympic）。经过近两个月的严格测试以后，团队在 7 月末发布了正式的以太坊网络，这也标志着以太坊区块链正式运行。

2015 年 7 月 30 日，以太坊发布了第一阶段："边疆"（Frontier）。"边疆"是空白版的以太坊网络，可用于挖矿、上传合约与测试分布式应用（DApps）。

2016 年 3 月 14 日，以太坊发布了第二阶段："宅地"（Homestead）。在此阶段，以太坊提供了图形界面的钱包，易用性得到极大改善——以太坊不再是开发者的专属。

在第三阶段"都市"（Metropolis），团队决定最终正式发布一个为非

19

技术用户设计的、功能相对完善的用户界面——Mist 浏览器。实际上，"都市"的升级分成了三次分叉——2017 年 10 月的"拜占庭"、2019 年 2 月的"君士坦丁堡"和"圣彼得堡"，以及 2019 年 12 月的"伊斯坦布尔"。这些升级主要改善智能合约的编写、提高安全性、加入难度炸弹，以及一些核心架构的修改，以协助未来从工作量证明转至权益证明。安全性升级包括让以太坊可以使用零知识证明的 zk-SNARKs（零知识简洁非交互式知识证明，zero-knowledge succinct non-interactive argument of knowledge）和 zk-STARKs（零知识可扩展透明知识证明，zero-knowledge scalable transparent arguments of knowledge），也能和零币（Zcash）链互通。在使用方面，2017 年以太坊和比特币首次进行了原子交换（atomicswap），用智能合约让不同链上的加密数字货币互相交易。以太坊代币标准 20 号（ERC-20）也在 2017 年成为标准，成千上万个首次代币发行（ICO）项目透过以此标准进行集资。2019 年，去中心化金融（DeFi）和制造者去中心化组织（MakerDAO）等金融应用成为以太链上最大的产业。三星、歌剧（Opera）浏览器以及微软都开发了以太坊的相关程序。

第四阶段"静谧"（Serenity）预计分成三次分叉：2021 年进行了"柏林"和"伦敦"分叉，为以太坊从工作量证明机制转换到权益证明机制做准备。2021 年 8 月 5 日"伦敦"分叉激活，交易手续费由系统计算并且会销毁而非交给矿工。在以太坊 2.0 阶段，开发团队的主要目标是通过分片（sharding）方式解决可扩展性问题（scalability），即提高区块链的交易处理能力，这也是所有的区块链项目致力解决的瓶颈。

2022 年 9 月 15 日，以太坊联合创始人维塔利克·布特林发布推文称："我们终于完成了（以太坊合并）！"以太坊执行层（即此前主网）与权益证明共识层（即信标链）于区块高度 15537393 触发合并机制，并产出首个权益证明机制区块（高度为 15537394），自此以太坊共识正式从工作量证明机制转为权益证明机制。

（二）技术特点

以太坊的目的是创建一个用于建立去中心化应用的替代协议，其核心在于一种内置图灵完备编程语言的区块链，允许任何人编写智能合约和去中心化应用，并在其中设立他们自由定义的所有权规则、交易方式和状态转换函数。域名币的主体框架只需要两行代码就可以实现，诸如代币和信誉系统等其他协议只需要不到 20 行代码就可以实现。智能合约，即包含价值、只有在满足特定条件时才能解锁的加密"盒子"，也可以在平台上构建，并且因为图灵完备性、价值知晓（value-awareness）、区块链知晓（blockchain-awareness）和多状态所增加的力量，而相较于比特币脚本所能提供的智能合约强大得多。

1.账户、交易和消息

在以太坊中，状态由称为"账户"的对象组成，每个账户都有一个 20 字节的地址，状态转换是指账户之间价值和信息的直接转移。一个以太坊账户包含四个字段：随机数（nonce），用于确保每笔交易只能处理一次的计数器；账户当前的以太币余额；账户的合约代码（若有）；账户的存储（默认为空）。

以太币是以太坊内部的主要加密燃料，用于支付交易费。通常有两类账户：由私钥控制的外部账户以及由智能合约代码控制的合约账户。外部账户没有代码，持有者可以通过创建和签署交易从外部账户发送消息；在合约账户中，每次合约账户收到消息时，其代码都会被激活，允许该账户读取和写入内部存储，继而发送其他消息或创建合约。

当被交易或消息"触发"时，合约总是执行特定的代码段，并直接控制自己的以太币余额和键/值存储，以跟踪永久变量。

在以太坊中，术语"交易"用来指代已签名的数据包，数据包存储着将要从外部账户发送的消息。交易包含：消息接收者；用于识别发送者身份的签名；从发送者转账到接收者的以太币金额；一个可选数据字段；燃料启动值（STARTGAS 值），表示允许交易运行的最大计算步骤数；燃料价格值（GASPRICE 值），表示发送者每个计算步骤支付的费用。

前三个是任何加密数字货币都有的标准字段。默认情况下，数据字段没有函数，但虚拟机有一个操作码，合约可以使用该操作码访问数据。例如，如果一个合约作为区块链上的域名注册服务，那么它可能希望将传送给它的数据解释为包含两个"字段"，第一个字段是要注册的域名，第二个字段将域名注册到 IP 地址。合约将从消息数据中读取这些值，并将其适当地存储。

燃料启动值及燃料价格值字段对于以太坊的反拒绝服务模型至关重要。为了防止代码中出现无意或恶意的无限循环或其他计算浪费，要求每笔交易对代码可以执行的计算步骤设置一个限制。

合约能够向其他合约发送"消息"。消息是从未序列化的虚拟对象，只存在于以太坊执行环境中。消息包含：消息发送者（隐含的）；消息接收者；随消息一起转账的以太币数额；一个可选数据字段；燃料启动值（STARTGAS 值）。

本质上消息类似于交易，只是消息是由合约而非外部参与者产生的。当前正在运行代码的合约在执行 CALL 操作码时会产生一条消息，该操作码就是用于产生并执行消息。像交易一样，消息导致接收者账户运行其代码。为交易或合约分配的燃料配额适用于该交易和所有子执行消耗的总燃料量。

2.以太坊状态转换函数

以太坊状态转换函数 APPLY（S,TX）->S' 可定义如下：

（1）检查交易格式是否正确（即具有正确数量的值），签名是否有效，以及随机数（nonce）值是否与发送者账户中的随机数值匹配。若否，则返回错误。

（2）通过燃料启动值 × 燃料价格值计算出交易费，并从签名中确定发送地址。从发送者的账户余额中减去费用，并增加发送者的随机数值。如果账户余额不足，则返回错误。

（3）初始化燃料（gas）= 燃料启动值，并根据交易中的字节数量为每个字节扣除相应数量的燃料。

（4）将交易数值从发送者账户转移至接收账户。如果接收账户尚不存在，则创建此账户。如果接收账户是合约，运行该合约的代码，直到代码运行结束或燃料耗尽。

（5）如果由于发送者资金不足或者代码运行耗尽了燃料，而导致转账失败，则回滚除支付费用之外的所有状态变化，并将费用支付给矿工账户。

（6）否则，将所有剩余燃料的费用退还发送者，并把为所消耗燃料而支付的费用发送给矿工。

例如，假设合约的代码如下：

if！self.storage［calldataload（0）］:

self.storage［calldataload（0）］= calldataload（32）

一般来说，合约代码实际上是用低级以太坊虚拟机代码编写的；为了清晰起见，此示例是用以太坊上的一种高级语言蛇语（Serpent）编写的，它可以编译为以太坊虚拟机代码。假设合约的存储一开始是空的，发送了一个价值为 10 以太币的交易，消耗 2000 份燃料，燃料价格为 0.001 以太币，并且数据包含 64 个字节，字节 0—31 代表数字 2，字节 32—63 代表字符串查理（CHARLIE）。在这种情况下，状态转换函数的执行过程如下：

（1）检查交易是否有效、格式是否正确。

（2）检查交易发送者是否至少有 2000×0.001=2 以太币。若有，则从发送者账户中扣除 2 以太币。

23

（3）初始化燃料 =2000 份，假设交易长度为 170 字节，每字节费用 5 份燃料，减去 850 份燃料，剩下 1150 份燃料。

（4）从发送者账户再减去 10 以太币并增加到合约账户。

（5）运行代码。在本例中，运行比较简单：代码检查是否使用合约的索引 2 处的存储，若未使用，则通知；若使用，代码将索引 2 处的存储设置为值查理（CHARLIE）。假设该运行花费了 187 份燃料，所以余下的燃料数量是 1150-187=963 份燃料。

（6）向发送者账户增加 963×0.001=0.963 以太币，同时返回产生的状态。

如果交易的接收一端没有合约，那么总交易费就等于提供的燃料价格值乘以交易的字节长度，并且和随交易发送的数据无关。

消息在回滚方面与交易相同：如果消息执行耗尽燃料，那么该消息的执行以及该执行触发的所有其他执行都会回滚，但调用本次消息执行的父执行不需要回滚。这意味着合约调用另一份合约是"安全的"，就好像 A 使用 G 份燃料调用 B，那么可以保证 A 的执行最多损耗 G 份燃料。

3. 区块链与挖矿

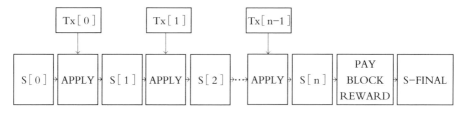

图 1-2　以太坊区块链示意图

以太坊区块链示意图如图 1-2 所示。以太坊区块链在许多方面与比特币区块链相似，但确实存在一些差异。以太坊和比特币在区块链架构方面的主要区别在于，与比特币不同，以太坊区块包含交易列表和最新状态的副本。此外，其他两个值、区块编号和难度也存储在区块中。以太坊中的基本区块验证算法如下：

（1）检查被引用的前一个区块是否存在并有效。

（2）检查区块的时间戳是否大于被引用的前一个区块的时间戳，并且在将来 15 分钟以内。

（3）检查区块编号、难度、交易根、叔根和燃料限制（各种以太坊特定的低级概念）是否有效。

（4）检查区块上的工作量证明是否有效。

（5）令前一个区块末尾的态为 S[0]。

（6）令区块的交易列表为 Tx，并包含 n 笔交易。对于 0…n-1 中的所有 i，设置 S[i+1]=APPLY（S[i],Tx[i]）。如果任何应用程序返回错误，或者直到此时区块中消耗的总燃料量超过燃料限制（GASLIMIT），则返回错误。

（7）令 S_FINAL 为 S[n]，但添加支付给矿工的区块奖励。

（8）检查状态 S_FINAL 的默克尔树根是否等于区块头中提供的最终状态根。如果等于，则该区块有效；否则该区块无效。

这种方法乍一看效率似乎极低，因为它需要存储每个区块的全部状态，但实际上效率应该与比特币相当。原因是状态存储在树结构中，而且在添加每个区块后只需要更改树的一小部分。因此，一般来说，在两个相邻区块之间，树的绝大部分应该是相同的，数据可以用指针（即子树的哈希）存储一次和引用两次。一种称为"帕特里夏树"的特殊类型的树用于实现此目的，它包括对默克尔树概念的修改，允许高效地插入和删除节点，而不仅仅是更改。此外，由于所有状态信息都存在于最后一个区块内，因此无须存储整个区块链历史，如果可以应用于比特币，使用这种策略计算可以节省 5—20 倍空间。

一个常见的问题是，合约代码在物理硬件的"哪里"执行。该问题有一个简单的答案：合约代码的执行过程是状态转换函数定义的一部分，而

25

该函数是区块验证算法的一部分，因此如果将交易添加到区块 B 中，由该交易产生的代码执行将在现在和将来由所有节点执行，由此下载并验证区块 B。

（三）以太坊的分叉

2016 年 6 月 17 日，一个基于以太坊的分布式自治组织（DAO）的地址中大约 360 万以太币被盗。黑客利用该地址的智能合约漏洞将以太币转到了自己的地址中，但由于智能合约的限制，黑客需要等待 27 天才能进行第二次转移，从而给了以太坊社区讨论对策的时间。多数验证者认为，黑客的行为不符合道德与法律，应当通过回滚的方式追回被盗以太币。所谓回滚，是指各节点在人工干预之下清除一段时间内的交易记录，使得以太坊系统上记录的以太币余额回归到黑客攻击之前的状态。而少数验证者认为，回滚实际上是用现实世界的法律规则干涉区块链世界的活动，有违赛博朋克和去中心化的理念，被盗者应当自行承担编程漏洞带来的不利后果。黑客甚至在网络上发表公开信，声称自己的行为符合以太坊代码所确定的规则，因而是正当的。

最后，两派的观点对立僵持不下，支持回滚的验证者发起了硬分叉。由于作为最主要开发者的以太坊基金会支持回滚，回滚后的系统继续被称为以太坊，而未执行回滚的系统被称为以太坊经典（Ethereum Classic，ETC），形成了两种加密数字货币并存的状态。

（四）应用场景与使用情况

1. 代币系统

以太坊可以非常容易地实现创建新的代币系统。从根本上讲，所有货币或代币系统都是具有这样一种操作的数据库：从 A 中减去 X 个单位并将 X 个单位添加给 B，条件是 A 在交易之前至少有 X 个单位并且交易由

A 批准。实现代币系统所需要做的就是将此逻辑实现到合约中。

使用蛇语（Serpent 语言）实现代币系统的基本代码，如图 1-3 所示。

```
def send（to, value）:
if self.storage［msg.sender］- value:
self.storage［msg,sender］- self, storage［msg.sender］- value
self.storage［to］- self.storage［to］+ value
```

图 1-3　使用 Serpent 语言实现代币系统的基本代码示例

此代码本质上是前文详细描述的状态转换函数的字面实现。合约会保持一定数量的以太币余额，用来向发送者退还用于支付费用的以太币；合约也会通过收取费用来收集内部代币，并在持续不断的拍卖中转售代币，以此补充以太币余额。因此，用户需要用以太币"激活"他们的账户，但一旦账户中有以太币，就可以重复使用，因为合约每次都会向账户退还资金。

2. 金融衍生品和稳定币

金融衍生品是智能合约最常见的应用，也是通过代码实现的最简单的应用之一。实现金融合约的主要挑战在于，其中大多数合约都需要引用外部价格自动收报机。例如，一个非常理想的应用是对冲以太币（或其他加密数字货币）相对于美元波动的智能合约，但对冲需要合约知道以太币／美元的价值。要实现这一点，最简单的方法是借助由特定方维护的"预言机"（Oracle）合约，这种合约的设计使得特定方能够根据需要更新合约并提供一个接口，允许其他合约向该合约发送消息并返回包含价格的响应。

鉴于这一关键因素，对冲合约如下：

（1）等待 A 方输入 1000 以太币。

（2）等待 B 方输入 1000 以太币。

（3）在存储中记录 1000 以太币的美元价值（通过查询数据馈送合约

计算得出），假设价值是 x 美元。

（4） 30 天后，允许 A 或 B"重新激活"该合约，以便将价值 x 美元的以太币（通过再次查询数据馈送合约获取新价格并且计算得出）发送给 A，剩余以太币发送给 B。

这种合约在加密数字货币交易中潜力巨大。加密数字货币的主要问题之一是它的波动性。尽管许多用户和商家可能希望获得处理加密数字货币的安全性和便利性，但许多人不希望面临在一天内资金价值损失 23% 的景象。迄今为止，最常见的解决方案是发行人使用某种基础资产为加密数字货币的价值背书。具体而言，发行人创建并管理某种加密数字货币，有权新增发行和回收销毁。其中，在用户向发行人提供 1 单位指定基础资产（如美元、黄金等）时，发行人向该用户新增发行 1 加密数字货币；在用户向发行人返还 1 加密数字货币时，发行人向该用户返还 1 单位基础资产。这种机制能够维持加密数字资产的价值稳定，但前提是发行人值得信赖。

但实际上，发行人并不总是值得信赖，在某些情况下，金融行业基础设施过于薄弱或过于不友好，以至于不能或不愿提供此类服务。金融衍生品提供了一种替代方案。在这种方案中，不是由单个发行人提供基础资产来支持加密数字货币，而是由一个去中心化的对冲市场承担了这一角色，他们押注基础资产（例如以太币）的价格会上涨。与发行人不同，衍生品交易者无法在交易中违约，因为对冲合约托管他们的资产。这种方法不是完全去中心化的，因为仍然需要一个可信来源提供价格自动预言机，但可以说在降低基础设施要求以及减少欺诈的可能性方面，这仍是一次巨大的改进。

3. 身份和信誉系统

最早的替代加密数字货币域名币尝试使用类似比特币的区块链提供一种名称注册系统，通过该系统，用户可以在公共数据库中注册他们的姓名和其他数据。主要用例是域名（DNS）系统，它将诸如"bitcoin.org"等域名（在域名币的情况下，"bitcoin.bit"）映射到一个互联网协议（IP）地址。其他用例包括电子邮件身份验证系统和可能更为先进的信誉系统。图1-4是一个基础合约，它在以太坊中提供与域名币类似的名称注册系统。

```
def register ( name, value ) :
if ! self.storage [ name ]:
self.storage [ name ] = value
```

图1-4　名称注册合约示例

该合约非常简单，它完全是以太坊网络中的一个数据库，可以向其中添加但不能修改或移除。任何人都可以把名称注册为一个值，该注册将永久保存。更复杂的名称注册合约还包含一个"函数子句"以及一种机制，前者允许其他合约查询它，后者允许名称的"所有者"（即第一个注册者）更改数据或转让所有权，甚至可以在该合约上添加信誉和信任网络功能。

4. 去中心化文件存储

近年，大批受欢迎的在线文件存储初创公司不断涌现，其中最著名的是多宝箱（Dropbox）。多宝箱让用户可以上传硬盘备份，提供备份存储服务并允许用户访问备份，而用户需按月付费。然而，文件存储市场有时效率相对较低，主流文件存储的每月价格比整个硬盘驱动器的成本还要高，特别是在被称为"恐怖谷"的20—200GB（吉字节）级别，既没有免费额度也没有企业级折扣。以太坊合约让去中心化文件存储生态系统得以发展，个人用户可以在该系统中将自己的硬盘租出去以获得少量收益，而未使用的空间可用来进一步降低文件存储的成本。

该系统的基础性构件就是所谓的"去中心化多宝箱合约"。该合约的工作原理如下：首先，用户将需要存储的数据拆分成几个区块并对每个区块加密以保护隐私，然后以此构建一个梅克尔树（Merkle Tree）；其次，创建一个含以下规则的合约，对于每 N 个区块，合约将从梅克尔树中选择一个随机索引，使用能够被合约代码访问的上一个区块的哈希作为随机性来源；最后，给予第一个实体 X 以太币，以提供具有简化支付确认（例如证明树中特定索引处区块的所有权）的交易。当用户想重新下载他们的文件时，可以使用微支付通道协议［例如每 32KB，即千字节，支付 1 个萨博（szabo）］收回文件；最节省费用的方法是支付者不到最后不发布交易，而是每 32KB（千字节）之后，用一个更划算的具有相同随机数（nonce）的交易取代原来的交易。

该协议的一个重要特点是，可以几乎完全消除随机节点丢失文件的风险。通过私钥共享将文件拆分成许多部分，并通过监控合约确定每一部分仍在某个节点中。如果合约仍在支付款项，则提供了一个加密证明，证明有人仍在存储该文件。

5. 去中心化自治组织

通常意义上，"去中心化自治组织"（decentralized autonomous organization，DAO）是指拥有一定数量成员的虚拟实体，成员通过区块链上的协议相互连接，在现实中很有可能互不相识并分散于世界各地。去中心化自治组织附有相应的治理代币，属于一种特殊的加密数字货币，持有治理代币即可成为成员，可以通过区块链上的协议就去中心化自治组织的各种事项进行投票，例如修改协议代码内容、决定去中心化自治组织的资产使用等，投票的方式和投票结果的执行受到协议内容的预先限制，不能随意指定。一般而言，去中心化自治组织可以分为类似于传统公司的去中心化自治公司模式和营利性较弱的去中心化自治社区模式。在去中心化自治公司模式下，去中心化自治公司以营利为目标，成员的身份类似于传统公司的股东，可以获得一定的利益分配，但分配的形式可能是加密数字货币或其他利益。去中心化自治社区则不追求营利，通常是为了维持某项去中心化应用的持续运转。

为了实现去中心化自治组织，最简单的设计就是一段自动修改的代码，如果三分之二的成员同意更改，该代码就更改。理论上代码是不可更改的，然而通过把代码片段放入不同的合约并将合约调用的地址存储在可更改的存储中，用户可以轻易解决这一问题，使代码事实上变得可修改。在这种去中心化自治组织合约的简单实现中，有三种交易类型，可通过交易中提供的数据进行区分：

（1）［0,i,K,V］在索引 i 处注册提案，以便将存储索引 K 的地址更改为值 V；

（2）［1,i］注册一张赞成提案 i 的投票；

（3）［2,i］如果投票有足够票数，则确认提案 i。

合约为每一种交易都提供有子句。它将维护所有开放存储更改的记录以及投票支持者的列表。合约还包括所有成员的列表。当任何存储更改获得三分之二成员投票赞成时，一个确认交易将执行这项更改。更复杂的框架可能还有针对发送交易、增减成员等功能的内置投票功能，甚至可以提供委任式民主投票委托，即任何人都可以委托另外一个人代表自己投票，而且这种委托关系是可以传递的，如果 A 委托了 B，然后 B 委托了 C，那么 C 将决定 A 的投票。这种设计将使去中心化自治组织作为一个去中心化社区有机地成长，允许人们最终将筛选成员的任务委派给专家。随着时间的推移，当个别社区成员改变他们的决定时，专家可以很容易地加入或退出。

6. 其他应用

（1）储蓄钱包。假设艾丽丝（Alice）想安全地保管她的资金，但她担心自己的私钥丢失或被破解。她把以太币放到和银行鲍勃（Bob）签订的一个合约里，① 艾丽丝每天最多可以单独提取 1% 的资金；② 鲍勃每天最多可以单独提取 1% 的资金，但艾丽丝可以用她的密钥创建一个交易取消鲍勃的提取权限；③ 艾丽丝和鲍勃一起可以任意提取资金。

31

通常，每天 1％ 的额度对于艾丽丝足够了，如果艾丽丝想提取更多资金，她可以联系鲍勃寻求帮助。如果艾丽丝的密钥被破解，她可以立即找到鲍勃，帮她将资金转移到一个新合约里。如果艾丽丝丢失了密钥，鲍勃最终会取出资金。如果最终发现鲍勃是恶意的，她可以取消他的提取权限。

（2）作物保险。用户可以轻松制定金融衍生品合约，使用天气而不是任何价格指数作为数据馈送。如果美国爱荷华州的一位农民购买了一项金融衍生品，该产品基于爱荷华州的降雨情况进行反向赔付，那么如果遇到干旱，该农民将自动收到赔付资金。通常，这种保险可以扩展到自然灾害保险。

（3）去中心化数据馈送。对于金融衍生品合约，实际上有可能通过一种名为"预言机"的协议实现数据馈送去中心化。预言机的基本工作原理是：N 个相关方都向系统输入给定数据的值（以太币／美元价格），对这些值进行排序，在第 25 和第 75 百分位之间的每个人都会得到一个代币作为奖励。每个人都有动力提供其他人都会提供的答案，而唯一能让众多参与者实际达成一致的值是显而易见的：真相。这样就创建了一种去中心化的协议，它理论上可以提供任何类型的外部数值，包括以太币／美元的价格、柏林的温度甚至某个硬计算的结果。

（4）智能多重签名托管。比特币允许多重签名（多签）交易合约，例如，提供了给定五个密钥中的三个便可以使用资金。以太坊允许更精细的控制，例如，提供五个密钥中的四个可以使用任意数额的资金，提供五个密钥中的三个可以每天最多使用 10％ 的资金，提供五个密钥中的两个可以每天最多使用 0.5％ 的资金。此外，以太坊的多重签名是异步的——双方可以在不同时间在区块链上注册他们的签名，最后一个签名将自动发送交易。

（5）云计算。以太坊虚拟机技术还可以用来创建一个可验证的计算环境，让用户可以要求他人执行计算，然后有选择地索要证明，证实计算在某些随机选定的检查点处正确完成。这就可以创建一个云计算市场，任何用户都可以用他们的台式机、笔记本电脑或专用服务器来参与，并且抽查与保证金双管齐下确保系统是值得信赖的（即节点不能通过欺骗获利）。但是，这样的系统可能并不适合所有任务。例如，需要进行大量进程间通信的任务无法在大型节点云上轻易实现。然而，其他任务则更容易实现并行，例如 SETI@home、folding@home 和遗传算法等项目可以方便地在这类平台上实现。

（五）优势与挑战

以太坊的创始人维塔利克·布特林指出，在基础层（Layer-1）链上扩容方面，以太坊将按照"合并"（the merge）、"分片"（the surge）、"边缘"（the verge）、"净化"（the purge）、"天灾"（the scourge）、"挥霍"（the splurge）六大阶段，同时进行与发展。

以太坊的升级"合并"已在 2022 年 9 月完成，从过去靠矿工挖矿的工作量证明（PoW）机制，升级成现在类似放定存领利息的权益证明（PoS）机制，权益证明机制也将会在未来持续发展与修正。由于以太坊规模越来越大，因此必须进行"分片"，将区块链网路分割成许多小分区。让原本的单线程交易处理变成多条分链同时进行交易与验证，以应付庞大的交易量、提升区块链网路的速度。"边缘""净化"则是透过导入沃克尔树（Verkle Tree）和协议的设计，让以太坊上的数据存储和验证可以更加容易。以太坊开发团队路线图中新增的"天灾"，则是用来确保可靠和公平可信的中立交易，和解决投机者透过最大可提取值（MEV）获利的问题。而"挥霍"会将四个不同的升级进行协调，减少区块链网路上出现错误（bugs）并确保网路的运作顺畅。

随着以太坊区块链的使用者数量越来越多，区块链堵塞以及高昂的矿工费，也成了以太坊的一大挑战。为了让区块链不成为有钱人的游戏，以太坊也透过二级（Layer-2）解决方案来扩展以太坊区块链。透过智能合约连接到主链之外的二级（Layer-2）区块链，让交易分流处理后再回到主链上。维塔利克·布特林表示，以太坊接下来二级（Layer-2）区块链扩容方案发展方向，包括以太坊侧链多边形（polygon）刚上线的以太坊二级（Layer-2）扩容方案多边形零知识以太坊虚拟机（PolygonzkEVM）、持续跟进与更新区块链"阿兹特克"（Aztec）、"夜曲"（Nocturne）等解决方案、社交恢复钱包（如 soul wallet），以及身份生态系统（如 sign in with ethereum，SIWE）。维塔利克·布特林一直相当推崇个别独立的区块链身份而非区块链身份平台，透过区块链身份，用户就可以在区块链上证明自己的身份。

以太坊合并后的下一个挑战，将会是生态系的适应。至于二级（Layer-2）解决方案接下来的发展挑战，将会是以太坊域名服务（ethereum name service，ENS）、区块链身份验证问题、隐私问题。

第一个主要挑战是关于以太坊域名服务。以太坊域名服务是以太坊上的去中心化域名系统，能将复杂的地址浓缩成简单好搜寻的几个单词。一般的钱包地址可能是像乱码一样的数字和英文组合，要记得这串地址比记得自己的银行账户还要更困难。但是透过以太坊域名服务，就可以把这一串地址浓缩成类似 bob.eth 的形式，这样其他用户想要交易、搜寻就容易多了。虽然以太坊域名服务相当自由，可以用英文、中文、日文甚至是表情符号来注册，但就像是在注册网络游戏账号一样，还是会有名称已被注册的问题，现在是以太坊上相当受到社群关注的项目。

第二个主要挑战是区块链身份验证。随着区块链技术的发展，用户可以使用的区块链选择越来越多，而需要管理、验证的身份也越来越多，而维塔利克·布特林认为，打造一个集中式的平台来管理是行不通的。就像现在可以直接用谷歌账户登录各个不同网站，身份生态系统可以让区块链上的各种应用和社交平台更便捷。

第三个主要挑战是隐私问题。身份生态系统最大的挑战就是隐私，但透过零知识证明（zero-knowledge proofs）（如区块链扩展项目的核心基础设施 ZK-SNARK）便可以在兼顾隐私的同时完成验证。所有资料公开透明是区块链的一大特点，用户的所有交易、金额、协定都公开可见，但缺点就是庞大的资料量拖累了验证速度。不过，透过零知识证明，验证者只会知道对方提出声明的真实性，而不会知道其他讯息。由于这个验证过程没有过多的资讯，因此验证者可以在短时间内快速完成，且很难透过作弊的方式通过验证。

四、瑞波币

瑞波（Ripple）是一个开放的支付网络，可以实现低成本、高效的资金转账。瑞波使用了不属于区块链的分布式账本系统，技术上极具特色。

（一）瑞波系统总述

2004 年，瑞波协议的早期版本就已经推出，但该版本不太成功，主要原因是，该早期版本只能在相互信任的人之间通过瑞波进行转账，没有信任链就无法拓展。从 2012 年开始，OpenCoin 公司开始接手瑞波项目，并于 2013 年推出新版本，新版本增加了两个新举措：

第一是引入"网关"。网关是资金进出瑞波系统的进出口。它像一个中介，人们可以通过这个中介将各类货币（不论是各国法币，还是比特币等加密数字货币）注入或抽离瑞波系统。用户不需要再像以前那样基于相互信任才能完成交易，即使两个用户互相是无信任的陌生人，只要他们同时都信任同一个网关，这两人之间的转账就可以进行。如果"网关"是由大银行或大金融机构充任，那么这个信任链就很容易建立起来。"网关"

的引入使得用户之间的转账不再局限于熟人，陌生人之间也可以进行。

第二是推出瑞波币（XRP）。瑞波币是瑞波系统内的流动性工具，是一个桥梁货币，是各类货币之间兑换的中间品。在瑞波系统内，不兑换成瑞波币的话，就很难跨网关转账或提现；而瑞波币则可以在任意网关之间自由流通。瑞波币的另外一个功能是阻止垃圾请求攻击，保障系统安全运行。

瑞波系统的工作流程为：以网关或瑞波币为桥梁，用户甲将任意类别的货币或加密数字货币兑换为瑞波币，然后发送给其他任何地区的用户乙，用户乙可将收到的资金兑换成自己需要的任意货币币种；还有另一种模式，用户甲将资金存放在用户乙信任的网关，经过网关转给用户乙。瑞波系统还允许用户在本系统内发行"私人货币"。假如某个瑞波用户甲信誉很好，用户甲就可以拿自己发行的"私人货币"与信任他（用户甲）并愿意接受的另一个用户（用户乙）兑换成美元或比特币等其他币种；用户乙可根据需要赎回兑换给用户甲的货币。这实际上是个借贷过程，用户甲具有了向其他人借贷的融资权利。

瑞波系统整体结构采用了去中心化的架构，尽管局部表现为"弱中心化"（比如网关与用户），但整体架构是一个去中心化的、覆盖全货币币种的互联网金融交易系统。

瑞波协议维护着一个全网络公共的分布式总账本，但从数据结构来看，不存在一般意义上的区块链。该协议有"共识机制"与"验证机制"，通过这两个机制将交易记录及时添加进入总账本中。瑞波系统每几秒钟会生成一个新的分账实例，在这几秒钟的时间内产生的新交易记录，根据共识机制和验证机制迅速被验证。这样的一个个分账按照时间顺序排列并连接起来就构成了瑞波系统的总账本。瑞波的共识机制让系统中所有节点在几秒钟内自动接收对总账本交易记录的更新，这个过程不需要经过中央数据处理中心。

（二）瑞波币的特征

瑞波网络的设计目标是无缝传输任何形式的货币或加密数字货币，无论是美元、欧元、英镑、日元还是比特币。瑞波协议的高级开发人员、比特币的倡导者斯蒂芬·托马斯说：瑞波将为比特币用户开设更多的网关，是比特币更轻松简单连接到主流金融世界的桥梁。

瑞波系统和比特币一样都是开源的，通过点对点（P2P）传播网络，瑞波币和比特币一样可以在账户与账户之间转移，不需要任何第三方软件。瑞波币和比特币一样都是通过互联网发送，交易不可逆转，都提供加密数字货币独有的防伪证明。

但是瑞波币与比特币仍有着许多不同之处。瑞波系统客户端不需要下载区块链，它在普通节点上会舍弃掉已经验证过的总账本，只保留最近的已验证总账本和一个指向历史总账本的链接，因而同步和下载总账本的工作量很小，瑞波系统无须也不能挖矿。瑞波网络支持多种货币。除了自己的瑞波币，它还支持法定货币（例如美元、欧元、日元等），并计划未来支持其他的加密数字货币。瑞波网络还能自动进行汇率换算，用户可以用任何一种类型的货币向他人支付另外任何一种类型的货币，从而实现所有货币的全网流通。瑞波系统的交易确认过程可在几秒钟之内完成，瑞波系统引入了一个特殊共识机制，通过特殊节点的投票，在很短的时间内就能够对交易进行验证和确认。

瑞波币的总量不能增加，只能递减。瑞波公司已经创造出了1000亿个单位的瑞波币，计划最终向外发行75％的瑞波币供应，并承诺永不增发。用户在进行每次交易时要花费一定的瑞波币（金额非常非常低，大约是1/1000美分），这个交易费不交给任何人，只是凭空消失。因此瑞波币只会越来越少，但减少的速度非常缓慢。

第二节　多样化的加密数字货币

加密数字货币形态和用途多样，在实务中大致可以分为六类。第一类是与基础层（Layer-1）分布式账本相关的原生代币。基础层分布式账本是类似于以太坊的系统，其开发目的是强调可编程性能并运行智能合约。基础层分布式账本具有可编程性能，因此可以在其上开发各种应用程序。基础层分布式账本的原生代币是作为辅助工具而开发，一般用于交易执行费用。

第二类是提供分布式账本基础服务的代币，通过侧链或特定协议扩展应用开发。侧链是存在于某个区块链之外、对交易速度和容量有限制的网络系统，用于开发更大的应用程序。此时，被辅助的区块链被称为主链。另外，使用一种称为双向桥的技术可以将侧链和主链连接起来，并且在侧链和主链之间交换加密数字货币。此类侧链或特定协议也会搭载某些加密数字货币。

第三类如比特币和瑞波币，记账单位与法定货币不同的加密数字货币。最初被设计为支付手段，但价格波动大减损了作为支付手段的实用性。

稳定币（Stablecoin）与现实世界中的法定货币等值，可分为传统稳定币（第四类）和算法稳定币（第五类），前者依靠中心化发行者的资产抵押，后者依靠算法维持价值稳定。此外，算法稳定币通常还配套有另一类型的加密数字货币来实现算法，此类配套的加密数字货币价值通常不稳定，却是算法稳定币系统中不可缺少的一部分。

第六类是为特定应用开发的加密数字货币。

一、原生代币

原生代币依附于基础层（Layer-1）分布式账本，可以用于支付基础层分布式账本上的转账费用或智能合约费用。以太币即是最为典型的原生代币。本小节介绍以太币之后较为主流的原生代币，包括索拉纳币（SOL）、币安币、波卡币（DOT）。

（一）索拉纳币（SOL）

索拉纳（Solana）是一个支持智能合约的公共开源基础层（Layer-1）区块链系统，于2020年3月推出，包括非同质代币（NFT）和各种去中心化应用程序（DAPP）。其原生代币索拉纳币（SOL）通过质押实现网络安全和价值转移。

索拉纳基于混合权益证明（PoS）和历史证明（PoH）概念运行，以提高系统效率。尽管传输速度是以太坊的4000倍，且燃料（gas）费是以太坊的三十分之一，但索拉纳币供应量的不确定性和网络稳定性问题影响了其信誉。

索拉纳币用于质押获得奖励和支付交易费用。它也可以用于购买公海（Opensea）交易平台上的非同质化代币，试图在非同质化代币市场上与以太坊竞争。

（二）币安币

币安币（BNB）的历史始于2017年，随着赵长鹏创建币安（Binance）交易所。通过首次代币发行（ICO），币安筹集了约1500万美元，于2018年年初成为交易量最大的加密数字货币交易所。币安币最初作为以太坊ERC-20代币推出，通过折扣交易成本来奖励忠诚用户。2019年，随着币安链的启动，币安币转为原生BEP（币安代币标准）代币，币安及其社区开发了币安链来实现去中心化交易所（DEX）的愿景。

2020 年，币安智能链的推出使币安币成为两个链的原生加密数字货币。到 2022 年，币安链（更名为 BNB 信标链）和币安智能链（更名为 BNB 智能链）发展成一个统一的模块化系统，称为 BNB 链。

2023 年，币安推出的区块链 BNB 链（BNB chain）公布了第三条区块链——去中心化储存基础设施"币安币绿地"（BNB Greenfield）的白皮书，让用户和去中心化应用（DAPP）可以在其中创建、储存和交换具有完全所有权的数据，形成新的数据经济。这是继 BNB 信标链与 BNB 智能链后的第三条以币安币作为原生代币的链。

1. 币安币的用途及回购机制

持有币安币的用户在币安平台交易时可享受手续费折扣，并按当时市值折算出等值币安币数量，使用币安币完成手续费的支付。折扣随着时间递减，第五年后不再提供折扣。

币安币也是币安去中心化链上交易平台的燃料。使用币安去中心化交易平台时，需要用币安币，包括抵扣手续费、打赏等各种多元化功能。

币安每季度使用 20% 的净利润回购并销毁币安币，以减少总供应量，用户可通过区块链浏览器查询，确保公开透明，直到剩余 1 亿币安币。2021 年起，改为每日自动销毁，以支持币安币价值。

2. 发行比例

2017 年 7 月初始总共发行了 2 亿币安币，其中 40% 由创始团队持有，10% 出售给天使投资人，剩余 50% 通过首次代币发行（ICO）公开发售，如图 1-5 所示。天使轮和公开发售的 1.2 亿币安币（60%），定价为每币安币 15 美分，共筹集了 1500 万美元。筹集的款项用于升级币安平台和交易系统、币安品牌和营销、应急储备等用途。

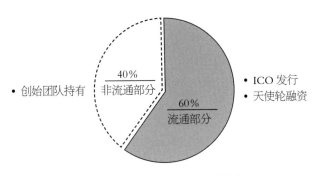

图 1-5 币安币发行时分配比例

3.币安币的技术架构

币安币智能链基于权益证明授权（PoSA）共识机制，由 21 个活跃验证者器组成的网络驱动。按质押数额（包括委托质押）最大的验证者负责交易验证和区块生成，确保网络安全。该链支持更多非活跃验证者（称为"候选人"）参与，每隔一小时将选择两个候选验证器和 19 个活跃验证器加入共识，以增加冗余。验证者通过交易费用而非新发行代币获得奖励，采取措施确保网络的安全与稳定。

2023 年，币安链（BNB chain）公布 2023 技术路线图，说明要加强去中心化、提高燃料（gas）限制、翻倍每秒交易数（TPS）。截至 2022 年年底，币安币智能链有 29 个活跃的验证者（21 个内阁验证者加上 8 个候选验证者），包括"货币基地云"（Coinbase Cloud）、"虚幻"（Figment）、"无限石"（InfStones）、"安克尔"（Ankr）、"哈希键"（HashKey）、"真实节点"（NodeReal）等顶级网路提供商。

币安币生态系统随着其架构的发展而发展。自币安币智能链推出以来，网络上的活动主要来自去中心化金融活动，目前该网络托管了 400 多个去中心化金融协议以及来自其他领域的约 1000 个项目的活动，就总锁定价值（TVL）和在链上运行的应用程序数量而言，是仅次于以太坊的第二大网络。2023 年，币安链计划将区块燃料限制进一步提高，这将使币安链支持每秒高达 5000 笔的交易。

币安币信标链是智能链的侧链，功能聚焦于运行去中心化交易所（DEX）的交易匹配引擎，连接多个使用"坦德明特"（Tendermint）拜占庭容错（BFT）共识的客户端。其治理模块允许币安币持有者提交添加交易对和更改网络参数的建议。该链计划支持其他链资产的上市，促进去中心化和社区驱动的网络变革。

2022年6月，币安链对信标链及去中心化交易所进行开源，支持外部验证节点加入并参与治理，包含项目如币安链去中心化交易数（BNB chain DEX）、币安钱包（Binance wallet）和币安链质押（BNB chain staking），旨在降低成本并推动去中心化。

（三）波卡币（DOT）

波卡（Polkadot）创立于2016年，是一个去中心化的跨链交流平台，通过连接私有链、公有链和联盟链，以构建一个统一的区块链生态系统。通过促进区块链间的数据交换和价值转移，波卡支持不同区块链的协同工作。其原生代币波卡币（DOT）用于治理、质押和参与平行链插槽项目众筹贷款。由于其架构和设计，波卡是一个高度可扩展的区块链，通过并行部署平行链和中继链，提高了网络的吞吐量，同时保持了安全性和去中心化特性。[①]

1.发展与历史

波卡由第三代互联网基金会（Web3 Foundation）创建，该基金会位于瑞士，旨在推动去中心化互联网的发展。波卡的设计目的是解决以太坊面临的问题。2016年，项目通过发布白皮书并提出中继链（relay chain）和平行链（para chain）的概念。2017年，通过荷兰式拍卖首次发行代币，波

---

① 海阳之新:《什么是Polkadot？》，2021年7月14日，见 https://zhuanlan.zhihu.com/p/340107978。

卡筹集了约 48 万以太币（ETH）（当时约合 1.44 亿美元）的资金，估值达到 2.88 亿美元。尽管因为钱包代码漏洞遭遇了资金冻结，但项目仍然持续推进。2019 年和 2020 年，波卡分别进行了第二轮融资和主网上线，整体估值达 12 亿美元。2021 年，推出了波卡"平行链插槽拍卖"（Parachain Slot Auction）系统，为区块链项目提供了获得平行链插槽的机会。[①]

2. 技术特点

波卡是一个支持跨链通信的去中心化平台，可以运行平行链、转接桥和中继链，构建统一的可互操作生态系统。中继链作为核心，保护网络并提供平行交易处理的基础，使用提名权益证明（NPoS）共识机制确保去中心化和安全性。平行链和转接桥扩展功能连接到比特币和以太坊等外部网络。

波卡网络拥有几类不同的参与者，以保证区块链的正常运行。这些参与者包括以下四类：（1）验证者：权益质押波卡币、验证校对者提供的证明、在波卡中继链上产生区块、参与并达成共识；（2）提名者：通过权益质押波卡币和选择可信赖的验证者来保护中继链；（3）校对者：通过创造区块来扩展平行链，并为验证者提供有效性证明；（4）渔夫：监控网络并举报恶意活动。目前，验证者同时也充当网络中渔夫的角色。

平行链是连接到中继链的独立区块链，为波卡网络提供链特有的功能。每个平行链都可以经过专门设计，并由各自的校对者进行维护。校对者负责将平行链交易收集到平行链候选区块中，然后交给验证者，由验证者保护并最终确定中继链上的交易。平行线程是一种特殊的平行链，它们是通过"按需付费"模式连接到波卡的平行链。转接桥也是一种特殊平行链，可以连接到比特币和以太坊等其他区块链。它们的作用是在波卡和外

---

① 链圈子：《波卡 Polkadot 链是什么？波卡链上热门的生态应用》，2023 年 7 月 12 日，见 https://www.wwsww.cn/DOT/15075.html。

部网络之间转移代币和功能模块。

波卡的提名权益证明（NPoS）机制是为验证者和提名者提供了良好行为鼓励的奖励系统，如果超过 10% 的验证者离线，并且无法通过网络与其取得联系，这些验证者将受到削减部分权益质押的惩罚。提名者可通过投票提名他们认为会保持在线状态且能保障网络安全的验证者来获得提名权益证明的奖励。这些提名者通过权益质押自己的代币来支持验证者，并根据验证者的权益质押按比例获得奖励。因此，验证者还可以通过收取固定费用来填补验证者的运营成本（如硬件和软件维护成本），确保验证者保持在线状态。

3. 应用场景与使用情况

波卡上目前已经开发了多样的分布式应用程序，呈现出实用的特征。

例如，"阿克罗波利斯"（Akropolis）是一个支持工程师为大众提供金融服务的去中心化应用程序，通过已抵押其代币（AKRO）的独立社群治理，它使用了基底（Substrate）框架，能透过波卡中心（Polkahub）和波卡中心桥（Polkahub bridge）解决方案与波卡生态系统连接，使得阿克罗波利斯更加安全。

"暗礁金融"（Reef finance）是一个基于波卡的去中心化金融加密项目，通过将各自分散的协议和解决方案连接到一个平台，解决去中心化金融（DeFi）的流动性和收益率相关问题。

"离心机"（Centrifuge）是一个去中心化金融（DeFi）项目，它设计使用基底框架以兼容以太坊和波卡。该项目旨在连接金融科技和去中心化金融空间，允许企业将现实世界中的不可变现资产（如发票、专利权使用费和抵押贷款）代币化，以借入资金并获得无银行参与的流动性。

"艾克斯链"（ChainX）是一个基于波卡的跨链资产管理和交易平台，为用户提供了一个简单和安全的方法来进行不同资产之间的转换。艾克斯链采用了平行链的设计，能够在链上支持比特币（BTC）、以太币

（ETH）、商用分布式设计区块链操作系统（EOS）等主流公链和区块链上的资产跨链转移，实现跨链资产的无缝转移。同时，艾克斯链还支持去中心化交易和流动性挖矿，用户可以在艾克斯链上完成不同资产之间的交易和流动性提供。

4.优势与挑战

波卡的主要优势是其跨链互操作性和可扩展性，能够无缝连接不同的区块链网络，促进生态系统的统一和协同工作。波卡面临的挑战包括生态发展不均衡和高稀释度风险。由于目前波卡生态圈出现波卡币独领风骚，其他币种状况一般的情况，将来可能出现逃离恐慌，且波卡稀释度较高，资本大量进入，具有一定风险。

二、基础服务代币

基础服务代币基于侧链，为分布式账本提供扩容等基础服务，最为典型的例子是多边形币（MATIC）和链接币（LINK）。

（一）多边形项目介绍

多边形币（MATIC）是"多边形"（Polygon）侧链上的基础服务代币。多边形原名玛蒂克网络（Matic Network），旨在通过提供桥梁和扩容方案来支持以太坊生态，解决其扩容问题。多边形采用权益证明（PoS）机制和侧链框架，支持以太坊虚拟机（EVM），使得原有以太坊应用可以轻松迁移到多边形上。该平台以其高吞吐量、低交易成本著称，为开发者提供了创建与以太坊兼容网络的工具。

多边形支持广泛的去中心化应用（DAPP），包括去中心化金融（DeFi）项目，如"幽灵"（Aave）、"一英寸"（1INCH）、"曲线"（Curve）和"寿司"（Sushi）等。已被星巴克、元宇宙平台（Meta Platforms）、条纹公司（Stripe）和红迪网（Reddit）等知名公司选为公共区块链工具。截至 2022 年 11 月，已有 420000 名智能合约部署者和 110000 份已验证合约在多边形（Polygon）上运行。

（二）链接币

链接（Chainlink）是一个以太坊上的重要基础应用，对应的加密数字货币为链接币（LINK）。链接币基于以太坊上的 ERC677 规格发行，主要用于链接系统中的交易支付。链接系统是一种被称为"预言机"（Oracle）的应用，可以从区块链外部获取可靠的数据，例如加密数字货币的市场价格等，解决外部数据源不可信或获取过程中数据失真的问题。具体而言，系统中同时有多个节点参与供给数据，供给数据与多数节点一致时即可获得一定数量的链接币作为奖励，从而排除了少数节点取得错误数据或篡改数据的风险。用户可以在链接系统中调取相应的数据，并需要支付一定数量的链接币作为对价，从而形成了完整的循环流通体系。

三、非稳定支付代币

非稳定支付代币最为典型的例子是比特币和瑞波币，在二者出现后亦出现了众多的模仿者，如狗狗币（Dogecoin）、艾达币（ADA）等。

（一）狗狗币（Dogecoin）

狗狗币源自柴犬模因（meme），由国际商业机器公司（IBM）前软件工程师比利·马库斯于 2013 年 12 月创建。狗狗币使用加密算法 Scrypt，无具体技术创新，价格受社区和市场炒作影响，发行量无限，每年增加 5%，没有特定的具体应用场景，主要用于社交平台打赏和投资。由于受到埃隆·马斯克的支持，狗狗币仍然具备较高的市场价值，例如 2021 年

11月，特斯拉宣布接受狗狗币付款，狗狗币价格上涨24%。

（二）艾达币（ADA）

卡尔达诺（Cardano）是由互联网技术公司投产香港（IOHK）开发的区块链平台，旨在创建高级功能协议，是基于科学原理和同行评审研究的第一个平台。投产香港团队结合了权益证明算法"乌洛波罗斯"（Ouroboros）和"哈斯凯尔"（Haskell）代码，采用了由同行评审学术研究驱动的原理方法，从头开始搭建卡尔达诺平台，旨在成为多资产分类账和可验证智能合约的开发平台，支持跨链转移和日常交易应用。卡尔达诺上的原生代币为艾达币（ADA），是第一个基于哈斯凯尔（Haskell）代码的加密数字货币，可提供关键任务系统必需的弹性。

艾达币是卡尔达诺区块链上的原生代币，于2017年上线，被称为第三代加密数字货币，采用权益证明方法来达成共识。

卡尔达诺是一个高级平台型公链，旨在支持全球金融应用。它引入了分层技术，包括结算层和计算层，这两个层可以简单理解为两条完全不同的链。结算层类似于"改进版的比特币"，主要通过艾达币实现价值转移；计算层则类似于"改进版的以太坊"，主要提供运算支持和处理智能合约。针对结算层，可以通过软分叉对数字货币交易中遇到的问题进行升级和换代；而对于计算层，则可以根据去中心化应用（DAPP）的运行需求进行针对性的拓展和改良。因此，分层的方式实现了在一个生态内建立清晰、有边界的系统运行秩序，实现更好的可拓展性和交互性。

艾达币作为原生代币，无法通过挖矿获得，只能通过加密数字货币交易所购买。卡尔达诺利用权益证明（PoS）系统，其中节点权益影响区块创建，奖励基于质押的艾达币量。

艾达币持有者可通过质押或委托权益池获奖，增强网络参与。委托给权益池的权益数量是乌洛波罗斯（Ouroboros）协议用于选择由哪个节点来添加下一个区块的主要方式，被选中的节点可以获得代币奖励。委托给权益池的权益越多，被选中添加下一个区块的可能性就越大。

艾达币的发行总量为 450 亿，其中 25927070538 艾达币用于平台认购，5185414108 艾达币用于开发公司运营公司的资金支持，剩下的代币通过区块奖励的方式每 3.5 分钟发放一次，发放频率规则如下：最初每个区块产生 2000 艾达币，共计 3744961 个区块；第二阶段每个区块产生 1000 艾达币，共计 3744961 个区块；第三阶段每个区块产生 500 艾达币，共计 3744961 个区块。

艾达币采用的权益证明（PoS）共识算法被称为乌洛波罗斯，它不需要浪费电力，而是通过随机选取任意节点作为区块生产者，被选中的概率跟该节点权益成正比。在艾达币中，权益是指节点的相对价值，可简单理解为节点持币价值／全网总价值，如果某个节点的权益 >0，则被称为权益所有人；而如果被选作为区块生产者，该节点也被称为插槽（SLOT）领导者，相当于比特币的矿工。

卡尔达诺使用哈斯凯尔（Haskell）编程语言，可以提高资产和用户数据的安全性。相比比特币，卡尔达诺的能源效率提高了 160 万倍，展现出优异的可扩展性和交易处理速度，每秒可处理 250 多笔交易。卡尔达诺采用的权益证明模型降低了交易费用，相比工作量证明区块链，其耗电量减少了 99％，显著提升了环保性。尽管卡尔达诺的市场规模较小，但与以太坊和索拉纳等竞争对手相比，仍展现出强劲的竞争力。

四、传统稳定币

传统稳定币依靠中心化发行者的资产抵押实现与现实世界中的法定货币等值，稳定币作为加密数字货币市场的重要组成部分，提供了价值尺度、交易媒介和避险资产的职能。

第一，稳定币承担着加密数字货币定价的职能。加密数字货币市场中以比特币（BTC）计价的方式与大部分投资者法币本位的思想相冲突，而稳定币因其锚定法币从而为加密数字货币市场提供了价值尺度。这不仅为广大投资者提供了加密数字货币资产的衡量标准，也是加密数字货币衍生品市场出现的必要条件。

第二，稳定币承担着交易媒介的职能。稳定币不仅作为不同加密数字货币之间交易的媒介，也是加密数字货币市场和法币市场之间交易的媒介，其为广大传统市场投资者进入加密数字货币市场提供了便利的渠道。

第三，稳定币承担着避险资产的职能：相较于传统金融市场，加密数字货币在单位时间内的涨跌幅度更大，而当投资者从法币的角度去衡量自身资产价值时，稳定币的价值稳定性和低波动性可以为投资者提供避险渠道。

（一）泰达币（USDT）

泰达币（USDT）是泰达（Tether）公司发行的美元稳定币，以 1∶1 的比例锚定美元，最初使用比特网络（Omni）协议在比特币区块链上发行。用户可以通过环球银行金融电信协会（SWIFT）电汇美元至泰达公司提供的银行账户，或通过交易所换取泰达币。泰达公司严格遵守 1∶1 的准备金保证，承诺每发行 1 泰达币，银行账户就有 1 美元的资金保障。用户可以在泰达公司平台进行资金查询，以保障透明度。

1.发展轨迹

泰达币的发行人真实币（RealCoin）公司成立于 2014 年，并随后更名为泰达（Tether），同年与绿叶交易所（Bitfinex）达成合作。2015 年泰达币正式发布。2017 年，泰达公司首次未能维持与美元的 1∶1 挂钩，并公布首份审计报告，证实有相应的储备金。2018 年，泰达公司发布了第二、第三次审计报告，确认了储备金情况，但面临美国司法部的调查。

2019 年，泰达公司修改服务条款，背书变为部分美元储备，部分母公司熔炼还原（iFinex）股票储备，并推出挂钩离岸人民币和实物黄金的稳定币，作为以太坊 ERC-20 代币在以太坊区块链上发行。2020 年，泰达币总发行量显著增长，在各种加密数字货币中市值排名世界第三。

2. 泰达币的三种形态

泰达币分为基于比特币网络的比特泰达币（Omni-USDT）、以太坊泰达币（ERC20-USDT）、波场泰达币（TRC20-USDT）三种形态，分别通过不同公链网络实现发行和偿还。

比特泰达币以安全性高但交易速度慢为特点，主要用于大宗交易。2014 年 11 月，泰达币于比特币网络上诞生，2015 年 2 月正式上线几大主流交易所。在 2018 年之前，泰达币的转账路径只有一条：比特泰达币。比特泰达币存储在比特币地址上，因此每次转账的时候，需要支付比特币作为矿工手续费。比特泰达币在比特币网络的链上，黑客攻击的成本高，资产相对安全。其交易速度非常慢，已经无法满足当今加密交易市场的需求，但大宗交易仍倾向于比特泰达币。

基于以太坊的以太坊泰达币以安全、快速著称，得到市场广泛接受，发行量超过基于比特币网络的比特泰达币。2018 年年初，以太坊网络爆红，智能合约普及于区块链应用，以太坊泰达币出现。由于安全性好、转账速度快，以太坊泰达币被市场广泛接受。随着近期泰达公司多次在以太坊上增发泰达币，以太坊泰达币的数量显著增加，目前已超过泰达币总量的 50%。除了官方放弃比特币网络协议以外，主流交易所也开始转向支持以太坊泰达币。同年 7 月 3 日，币安交易所宣布将由比特币网络切换为以太坊网络，虽然原比特币网络的泰达币可以继续充值并上账，但将无法提现比特币网络的泰达币。

基于波场的波场泰达币提供零手续费、秒级到账服务，尚在发展阶段，安全性待验证。2019 年 4 月，泰达公司宣布在波场上发行了基于波场区块链标准（TRC-20）协议的泰达币，波场泰达币诞生。波场泰达币发行时承诺完全公开透明，零转账费，秒级到账。和前两者不同的是，目前波场泰达币转账是不收取手续费的，这也是波场打造的一个亮点。但目前波场泰达币的发展还不是很成熟，也无法保证安全性。

3. 泰达币的架构和机制

泰达币通过储备证明机制，以1∶1比例锚定美元。泰达币的发行和流通过程可以分为如下步骤。首先，用户将美元存入泰达公司的银行账户；其次，泰达公司为用户创建各自的泰达账户，在账户中放入和其存入与美元相对应的加密数字货币。在流通环节，用户可以通过交易所或场外市场交易泰达币。清偿时，用户将泰达币交还给泰达公司，赎回法币；而泰达公司销毁泰达币，并将美元返还到用户的银行账户。

泰达币的储备证明机制有利于稳定泰达币的价格，扩大支付流通场景。但此机制要求泰达公司严格执行1∶1储备，并定期公开审计结果，确保稳定币价格稳定，但若泰达公司未能保持1∶1储备，泰达币的锚定关系可能发生松动。

泰达币背后有法币美元储备，安全有所保障。同时，泰达币市值、交易量庞大，基本涵盖每种交易对，基本上为加密数字货币市场的基底。但是，泰达币的发行完全是中心化的，即发行、承兑、监管风险、运营风险全部集中在泰达公司。一旦泰达公司出现流动性危机，泰达币的价值也就难以维持。

4. 币值和价值波动情况

2018年11月，美国司法部开始调查泰达公司是否参与非法操控比特币。2019年4月，纽约总检察长办公室指控绿叶交易所（Bitfinex）和泰达公司挪用储备金弥补8.5亿美元亏空，随后对两者提起诉讼。这些监管问题引起泰达币波动，但最大跌幅仅6%，之后很快恢复。泰达币仍是加密数字货币市场第一大稳定币。

（二）美元币（USDC）

美元币（USDC）是由加密数字货币交易所巨头货币基地（Coinbase）和圆圈公司（Circle）于 2018 年合作推出的稳定币，作为以太坊 ERC-20 代币在以太坊区块链运行，锚定美元，由特定银行的美元资产支持，通过中心化管理，保证用户每购买 1 美元币（USDC），圆圈公司就会存 1 美元到指定银行（银门银行等），并将新产生的美元币发给用户。2023 年，受硅谷银行挤兑影响，美元币的价格短暂跌至 0.88 美元，后反弹至稳定价格。

2024 年 3 月，美元币总供应量约为 312 亿，可以由经批准的受监管金融机构增加发行，从而促进美元币生态系统的发展。美元币可以在各种加密数字货币交易所和加密数字货币提供商（包括月亮支付 MoonPay）上买卖。除以太坊外，美元币与其他主要区块链网络如索拉纳（Solana）、恒星币（Stellar）系统、波场（TRON）等兼容。同时，美元币还可以用于智能合约，以便去中心化应用可以支持法定货币。

美元币的发行和销毁过程保证了其与美元的 1∶1 锚定。用户存入美元兑换美元币，赎回时则相反，美元币会被永久销毁。为保证透明度和信任，美元币的储备由致同（Grant Thornton）会计师事务所定期审核。

表 1-2　美元币（USDC）和泰达币（USDT）资产构成对比

（单位：%）

资产构成	美元币（USDC）	泰达币（USDT）
现金及其等价物	61	75.85
存款凭证	13	无
美国国债	12	无
公司商票 *	9	无

续表

资产构成	美元币（USDC）	泰达币（USDT）
公司债	5	无
地方债	0.20	无
有抵押贷款	无	12.55
公司债、基金和贵金属	无	9.96
其他投资	无	1.64

* 泰达币将全部商票归入现金等价物，美元币此处商票指 90 天以上过期，90 天以内过期的归入现金等价物。

相比泰达币，美元币被认为更安全。美元币和泰达币的储备资产构成对比如表 1-2 所示，可以看出美元币的美元储备更透明、价格更稳定。且美元币受美国监管机构监管，确保了投资者资金安全。

1. 应用场景

美元币支持多种应用，包括进入加密数字货币市场、跨境支付、以加密方式获得报酬、赚取利息，以及政府援助等。美元币具有便利和低成本的特点，可以免受比特币、以太币等加密数字货币价格波动的不利影响。它在去中心化金融平台上的应用允许用户借出美元币赚取奖励，提供高于传统储蓄账户的利率。

2. 币值和价值波动情况

美元币作为一个完全可抵押、对标美元的稳定币，提供财务透明度，并在美国法律框架下运行，跟多家银行机构和审计团队合作。截至 2024 年 3 月，除在 2023 年因硅谷银行破产事件影响美元币价格有过短暂下跌外，美元币的价格始终稳定维持在 1 美元左右。

（三）离岸人民币稳定币

外汇市场上的人民币可以分为在岸人民币（CNY）和离岸人民币

（CNH），在岸人民币主要在我国境内流通和交易，受中国人民银行的严格监管，汇率波动性较小，市场规模巨大。而离岸人民币在我国境外进行交易，主要交易市场分布在中国香港、新加坡、伦敦及纽约等地，交易更为自由，汇率不受我国政府部门管制，主要受市场供求关系的影响。

由于离岸人民币的交易更加自由，目前已经有一些境外公司发行了锚定离岸人民币的稳定币，例如泰达公司发行的离岸人民币币（CNHT）、亚洲数字银行发行的亚洲离岸人民币（ACNH）等。各家公司发行的离岸人民币稳定币较为相似，均声称自己拥有足额的资产作为发行储备，但是泰达公司目前的所在地并不明确，因而用户难以实际验证发行人是否拥有充足的储备资产。同时，亚洲数字银行所在的马来西亚纳闽地区对稳定币的监管细则仍在探索阶段，未来发展预期尚不明确。

目前，离岸人民币稳定币的交易规模非常小，几乎可以忽略不计，在加密数字货币交易所的接受度也不高，稳定币领域仍然是美元稳定币占据了绝大部分市场。

（四）港元稳定币

我国香港地区正在不断探索加密数字货币的推广应用和监管模式。2024 年香港金融管理局提出将采取监管沙盒的方式探索港元稳定币的发行。所谓监管沙盒是指金融科技的初创企业测试其产品的一种方式，在金融监管部门的帮助之下在一个小范围的沙盒内测试创新金融产品，防止风险外溢到普通金融消费者，经过测试安全后即可"出盒"正式进入市场。

2024 年 7 月 18 日，香港金融管理局正式公布了港元稳定币的沙盒参与者名单，包括京东、渣打银行旗下的子公司和一家名为圆币科技的初创公司入选，将在沙盒内探索港元稳定币的业务模式和监管细则。未来经过安全验证之后，各家港元稳定币的发行人预计将"出盒"在更大范围内提供港元稳定币的发行服务。

五、算法稳定币

算法稳定币借助配套的加密数字货币，依靠算法维持价值稳定。最著名的例子包括泰拉美元（UST 算法稳定币）、戴币（DAI）等。

（一）泰拉美元（UST 算法稳定币）

泰拉美元是泰拉（Terra）生态的算法稳定币，由泰拉实验室（Terraform Labs）于 2020 年推出，通过与月亮币（LUNA）的互动维持与美元 1∶1 的价值。泰拉实验室始于 2018 年，最初的愿景是创建一套与主要货币挂钩的稳定币，以减少电商交易成本。

稳定币泰拉美元由泰拉实验室于 2020 年 9 月创建，创建后发生过几次略小的脱钩事件，但在很短的时间内恢复价格稳定。在崩盘前，泰拉公司向投资者承诺，购买泰拉美元年化回报接近 20%，吸引了大量资金入场，炒高了月亮币的价格，一路由 2021 年年初时的不足 1 美元，飙升到 2022 年 4 月时的近 120 美元，泰拉美元市值因此膨胀至 180 亿美元。

2022 年 5 月，大规模的抛售导致泰拉美元和月亮币价格暴跌，月亮币几乎归零。5 月 8 日，泰拉公司实验室因调整泰拉美元资金池需要，暂时抽出部分泰拉美元流动性，导致泰拉美元流动性短暂下降，"币圈索罗斯"利用这一时间窗口，大量抛售手中的泰拉美元，令泰拉美元价格偏离 1 美元，该脱钩事件随即引发泰拉美元持有者的大规模恐慌性抛售，导致泰拉美元价格加速下跌，并自动触发泰拉美元和月亮币之间销毁机制的执行。泰拉美元价格下跌，投资者挤兑泰拉美元，转化成月亮币，月亮币供应增加，价格大幅走低，再触发月亮币持有者的抛售，这样就形成了月亮币价格下跌的"死亡螺旋"。泰拉美元的价值本就是依托投资者真金白银买入月亮币来支持，一旦月亮币价值不在，泰拉美元的价值也不复存在。①

泰拉美元脱钩事件对加密数字货币市场产生了巨大影响，比特币和以太币价格也遭受重击，加密数字货币市场单日市值蒸发 2000 亿美元。

1. 技术特点

泰拉美元的价格调控机制模拟央行操作，依赖于月亮币的供需机制来调节价格，而非传统稳定币的现金或债券储备。投资者用法币买入月亮币。当泰拉美元价格高于 1 美元时，持有者可以通过抵押月亮币来生成新的泰拉美元，使泰拉美元供应量增加，从而降低其价格。当泰拉美元价格低于 1 美元时，持有者可以用泰拉美元赎回月亮币以销毁泰拉美元，从而减少其供应量并提高价格。例如，泰拉美元的价格是 0.98 美元，套利者用 1 泰拉美元换取 1 美元来赚取 2 美分差价，价格回到挂钩状态，反之亦然。这种波动性抵押机制使得泰拉美元可以在保持相对稳定的价格的同时，不需要像传统稳定币一样维护一定数量的储备资产。②

2. 市值与价格波动

2022 年 5 月爆雷前，泰拉美元价格稳定在 1 美元左右，最高发行总市值 187.7 亿美元，爆雷后价格接近 0 美元。截至 2024 年 3 月，市值约 2 亿美元，仅相当于爆雷前的约 0.02%。

3. 优势与挑战

泰拉美元的稳定性依赖于月亮币的广泛接受和市场信心。泰拉美元虽然锚定美元，但最终的抵押或背书资产是加密数字货币月亮币，锚定资产

---

① 《稳定币一周内价值归零，原因是华尔街巨鳄的精准狙击？》，2022 年 5 月 14 日，见 http://www.jwview.com/jingwei/html/05-14/482772.shtml。

② 李华林：《"币圈茅台"价格几近归零——虚拟货币再敲警钟？》，2022 年 5 月 31 日，见 http://paper.ce.cn/pc/content/202205/31/content_254883.html；MakerDAO：《MakerDAO 白皮书》，2017 年 12 月 30 日，见 https://makerdao.com/zh-CN/whitepaper/。

与抵押资产背离，在抵押资产处于熊市过程中，其信用就会逐渐减弱，如果没有源源不断的外部资金帮助度过漫漫熊市，很难不脱锚。

（二）戴币（DAI）

戴币（DAI）是制造者去中心化自治组织（MakerDAO）在以太坊上发行的去中心化稳定币，是以太坊上的第一个去中心化的稳定币，通过智能合约维持与美元 1∶1 锚定。

依靠抵押资产支持，戴币可以作为支付手段或储值工具。"制造者"（maker）是以太坊上的智能合约平台，通过抵押债仓（CDP）、自动化反馈机制和适当的外部激励手段支撑并稳定戴币的价格。制造者平台可以让任何人有机会利用以太坊资产生成戴币进行杠杆操作。当戴币被创造出来后，它可以像任何其他加密数字货币一样使用：自由发送给他人，作为商品和服务的支付手段，或者长期储藏。

与传统稳定币不同，戴币保持去中心化。它的 1 美元等价物是通过智能合约内置的自动定价机制来维持。戴币可以像任何其他以太坊 ERC-20 代币一样自由交易，无须中间人。

1. 发展与历史

制造者去中心化自治组织由丹麦企业家克里斯滕森（Rune Christensen）于 2014 年成立，2017 年戴币在以太坊主网上线。尽管当年以太币价格波动，戴币价值仍然保持稳定。

2018 年 9 月，风险投资公司安德森·霍洛维茨基金（Andreessen Horowitz）通过购买所有制造者币（MKR）的 6% 向制造者去中心化自治组织投资了 7 万美元。2018 年，制造者去中心化自治组织在哥本哈根成立了制造者基金会（Maker Foundation），该基金会通过编写平台运行和适应所需的代码来帮助引导生态系统。

2020 年 4 月，由于疫情全球流行开始时市场的异常波动，戴币经历了通货紧缩的去杠杆化螺旋，在高峰期其交易价格高达 1.11 美元，但很快又回到预期的 1.00 美元。

2. 技术特点

戴币通过锁定抵押品来创造，并在偿还时销毁。用户存入以太币或其他接受的加密数字货币作为抵押品即可生成新的戴币。偿还戴币时，相应的抵押品将被释放回用户。为确保戴币的稳定性，系统要求抵押品的价值超过所发行戴币的价值。若抵押品价值下跌，系统将自动清算抵押品以补偿价值减少。

戴币的价值无须与美元直接挂钩。为维持其价值，戴币采用目标率反馈机制（TRFM）。当戴币价格低于 1 美元时，根据抵押资产的美元价值生成戴币的数量，使用戴币赎回抵押资产时，协议将戴币价值视为 1 美元，允许用户用一定数量的戴币赎回并销毁戴币，减少其供给。若戴币价格高于 1 美元，用户有激励继续生成并出售戴币以获利。制造者去中心化自治组织还引入了戴币存款机制，通过提高戴币的存款利率，鼓励持有者锁定戴币，减少市场流通量。戴币的利息通过制造者去中心化自治组织的稳定费用收入支付，如果收入不足以覆盖戴币存款的利息开销，则通过增发制造者币来补偿差额。

2022 年 8 月，制造者去中心化自治组织联合创始人克里斯滕森提出，超过 50% 的戴币由美元币抵押，可能面临较大监管风险，影响合法用户。因此，他建议通过"Endgame 计划"（终局游戏计划）逐步提升戴币的去中心化抵押份额，增强抗审查能力。克里斯滕森预计这一过程可能导致 50% 的用户流失，但制造者将优先考虑去中心化，并允许戴币适度与美元脱钩以保持该特性。

3. 市值与价格波动

除了 2020 年疫情初期的较大波动，戴币价格大多时间维持在 1 美元附近。目前市值约 51.75 亿美元，在各种加密数字货币中排名第 37 位。

4.应用场景与使用情况

戴币作为稳定币有着丰富的应用场景，但并不总是合法。例如，戴币可以用于赌博。由于价格波动，使用传统加密数字货币下注具有风险，特别是在长期赌博中。戴币凭借其价格稳定性，成为预测市场和博彩用户的首选。此外，由于戴币支持对冲风险、衍生品和杠杆交易。通过抵押债仓（CDP），戴币使杠杆交易更加便捷，并可用于衍生品智能合约，如期权和差价合约。戴币还可以用于商贸收据，跨境交易和汇款，戴币可减少外汇波动，消除中间人，显著降低国际交易成本。由于具备透明的记账系统，戴币为慈善机构、非营利组织和政府提供了一种高效率、低腐败的记账方式。

戴币的弹性机制赋予其抗冲击能力，是其作为稳定币的关键特性。当前，戴币面临的主要挑战是脱锚风险，由于监管风险可能选择与美元脱钩，保持去中心化特性。

六、应用代币

应用代币为特定应用而开发，其功能和用途千差万别，例如某些应用代币的持有者可以获取存储空间、算力资源、实物黄金等商品或服务。部分应用代币是为了实现去中心化物理基础设施网络（Decentralized Physical Infrastructure Networks，DePIN），即利用区块链技术改善物理系统的安全性、效率和透明度，通过区块链连接物理设备，配以加密数字货币作为交易媒介，从而实现物理资源的高效分配。

（一）文件币（Filecoin，FIL）

基于星际文件系统（InterPlanetary File System，IPFS）构建，是一个去中心化的点对点（P2P）文件存储网络，也是历史相对较长的一个去中心化物理基础设施网络。文件币是网络上用于奖励提供持久存储空间的加密数字货币。在文件币网络上，任何人都可以出租存储空间赚取文件币，或使用文件币租用存储空间。文件币通过分布式存储，提供了比中心化存储更安全的数据管理方式。

文件币支持包括去中心化互联网上的非同质化代币（Web3 NFT）、元宇宙资产存储、激励性永久存储在内的多种应用，同时为第二代互联网（Web2）数据集提供了一个成本效益更高的云存储替代方案，吸引了大量用户和投资。[1]

1.文件币的发展与历史

2014 年 5 月，星际文件系统由协议实验室（protocol labs）的胡安·贝内特（Juan Benet）设计，并在开源社区的协助下发展。7 月文件币项目发布，旨在为星际文件系统提供激励工具。

2014 年文件币白皮书发布，介绍文件币作为去中心化存储网络的构想，提出利用闲置计算资源进行存储，以及将文件存储与检索融入区块链设计的创新思路。

2017 年发布新版白皮书，正式定义了复制证明（PoRep）和时空证明（PoSt）等关键技术，同年进行首次代币发行（ICO），筹集 2.57 亿美元，成为历史上第三大首次代币发行项目。

2020 年 10 月，文件币主网上线，提供全球去中心化存储服务。11 月，文件币市值突破 50 亿美元，引发热议和争议。

2021 年 3 月，发生"双重存款"事件，暴露应用程序编程接口（API）滥用问题，影响文件币交易，但后续恢复正常。

2.文件币的技术特点

文件币是基于星际文件系统的去中心化存储系统，利用点对点技术实

---

[1] "*Filecoin Docs*"，2023 年 10 月 30 日， 见 https://docs.filecoin.io/basics/what−is−filecoin/overview/。

现全球范围内的快速文件访问。星际文件系统底层技术是点对点，在点对点传输协议上增加了文件切片、哈希去重、内网穿透等功能，旨在提高文件传输速度、安全性和开放性。文件币作为星际文件系统的激励层项目，本质上是为了激励用户使用星际文件系统进行储存而诞生的代币。

文件币的共识算法是复制证明和时空证明。复制证明是指在存储过程中，客户端必须将数据复制多份，并将其存储在不同的存储设备上。这些副本必须与原始数据相同，以确保数据的完整性和可靠性。同时，为了避免存储商伪造数据，文件币使用了一种被称为"无知证明"的技术，即在存储设备上随机选择一个位置并要求存储商提供该位置上的数据，以证明它们确实存储了副本。时空证明则是用来检查存储商是否一直遵守存储数据的承诺。它需要存储商在特定时间点上提供存储证明，证明它们一直在存储客户的数据，并且这些数据没有被篡改或删除。时空证明是一种轻量级的验证机制，可以大大减少存储商的负担，同时提高存储网络的可靠性和安全性。[1]

3. 文件币的市值与价格波动

文件币市值经历了三个阶段的波动。2021 年 3—4 月，由于存储需求增加，价格从 20 美元上涨至 238 美元，但随后因"双花"事件而大跌。5—9 月，受中国政策影响，文件币吸引部分挖矿资金，价格回升至 120 美元。然而，随着 9 月政策的进一步收紧，市场资金减少，价格持续下跌，市值降至 18.61 亿美元，在各种加密数字货币中排名第 27 位。

4. 文件币的应用场景与使用情况

文件币目前有四类使用场景存在较高需求：非同质化代币（NFT）和第三代互联网（Web3）存储、永续存储和第二代互联网（Web2）数据集存储、元宇宙和游戏数据存储，以及音视频存储。部分应用如下：

---

① 李瑞：《Filecoin 复制证明与时空证明》，2018 年 9 月 21 日，见 https://zhuanlan.zhihu.com/p/44568157。

（1）非同质化代币存储（NFT.Storage）：非同质化代币存储利用文件币和星际文件系统提供永久的非同质化代币（NFT）数据存储，支持个人艺术家和大型市场，目前已存储超过 260TB（太字节）的数据。

（2）扎尔（Zarr）和获取森林（GainForest）：扎尔和获取森林项目利用文件币存储气候变化数据和卫星照片，以预防自然灾害和对抗气候变化。

（3）元宇宙用户变现：支持玩家创造价值并实现变现，如区块赌注（Blockbets）、庆典游戏（Gala Games）和莫纳（Mona）等平台。[①]

文件币的优势在于其基于星际文件系统设计的高效的存储和检索机制与大量的资本注入。文件币面临的挑战包括与其他去中心化存储解决方案的竞争、用户对安全性的质疑，以及去中心化存储可能涉及的有害或违法数据的监管问题。

（二）分布式算力网络相关的加密数字货币

算力是指计算机设备处理信息、硬件和软件配合共同执行某种计算需求的能力。算力网络则是一种基础设施架构，将边缘计算节点、云计算节点以及含广域网在内的各类网络资源融合，通过对云计算节点的计算、存储资源、广域网的网络资源进行协同并可以根据业务特性提供灵活、可调度的按需服务。分布式算力网络是一种灵活、特殊的算力网络，意指算力网络上的各个节点不属于关联主体，缺乏统一调度安排的组织基础，而是通过区块链技术实现动态灵活的算力网络架构。因此，分布式算力网络是一种典型的去中心化物理基础设施网络（DePIN）。

伯克利开放式网络计算平台（Berkeley Open Infrastructure for Network

---

① 阿飞：《详解 Filecoin（FIL）生态发展现状》，2022 年 4 月 11 日，见 https://zhuanlan.zhihu.com/p/496648220。

Computing，BOINC）是最具代表性的分布式算力平台，由加州大学伯克利分校牵头于 2020 年启动。伯克利开放式网络计算平台允许用户贡献自己的闲置计算机处理能力，为其他用户执行科学计算任务。平台采取了基于加密数字货币的激励机制，通过价值算力证明（Proof of Valuable Computing，POVC）共识机制构建了波音客币（COP），用户提供算力完成计算任务或参与共识过程完成记账均可获得波音客币作为激励，而研究者可以通过支付波音客币来利用系统中的计算资源。

鹦鹉网络（Parrot Network）是专注于人工智能计算的分布式算力平台，基于区块链技术整合图形处理器（GPU）硬件资源，为人工智能大模型提供算力支撑。鹦鹉网络上的加密数字货币是鹦鹉币（PRT），通过鹦鹉币协调算力资源的供给和使用。鹦鹉网络上算力的价格取决于任务的复杂性、执行时间和市场供需关系，确保了计算资源的有效利用。

渲染网络（Render Network）是一个基于区块链的分布式图形处理器（GPU）渲染网络，在图形处理器算力提供者和使用者之间建立起市场，相应的加密数字货币时渲染网络币（RNDR）。图形处理器的拥有者可以在图形处理器空闲时向渲染网络提供图形处理器计算资源，获取渲染网络币。艺术家等需求图形处理器渲染能力的使用者则可以通过支付渲染网络币来获取计算资源，利用渲染网络完成高度复杂的三维渲染计算过程。

（三）实物资产数字化形成的加密数字货币

实物资产数字化是指将加密数字货币锚定到一定数量的实物资产，加密数字货币代表了相应实物资产的权利，从而在网络上便捷地开展交易。由于黄金作为实物资产具备天然货币属性，目前实物资产数字化的实践主要围绕黄金开展。

由于区块链缺乏直接控制实物黄金的物理可能性，黄金数字化就必然需要现实世界的中心化主体充当信用中介。早期的黄金数字化是由特定的中心化主体直接发行锚定黄金的加密数字货币。例如，汇丰银行发行了汇丰黄金币（HSBC Gold Token），美国的帕克索斯信托公司（Paxos Trust）发行了帕克索斯黄金（PAXG），液体贵金属公司（Liquid Noble Pty. Ltd.）发行了贵金属黄金（Noble Gold），这类加密数字货币与传统稳定币类似，依赖于发行人的信用和储备的资产。三家公司都宣称自己每发行 1 单位的加密数字货币就有相应数量的实物黄金储备，确保了加密数字货币的价值。但是，用户实际上很难验证发行人是否真的储备了相应数量的黄金。

黄金去中心化自治组织（Gold DAO）项目则在传统黄金数字化项目的基础上引入了去中心化自治组织（DAO）形式，实现了更为复杂的应用。黄金去中心化自治组织项目中总共有四种不同的代币。第一种是黄金非同质代币（GLD-NFT），是一种非同质化代币（NFT），由位于瑞士的受监管金融机构发行，每个黄金非同质代币都对应了编号各不相同的实物黄金。第二种是黄金币（GLDT），是一种同质化的加密数字货币，1 黄金币对应 0.01 克黄金，黄金非同质代币的持有者可以通过智能合约将黄金非同质代币转换为黄金币。第三种是美元黄金（USDG），是锚定美元的算法稳定币。用户可以将手中的黄金币作为抵押品获得美元黄金。第四种是黄金治理币（GLDGov），持有者可以参与区块链系统的治理，维护上述各种代币所需的智能合约。尽管该项目采取了去中心化自治组织的形式，但最终黄金的安全性仍然有赖于线下的发行者。

七、小结

通过研究全球主流加密数字货币，可以观察到它们在技术特性、市场定位及应用场景上有着明显差异。加密数字货币作为一种新兴数字资产，区别于传统投资，提供独特的价值和优势。例如，比特币在技术发展和社区生态上领先；以太币等新兴加密数字货币在智能合约和去中心化应用上展现创新，预示广泛应用潜力；稳定币如泰达币和美元币，及其他热门币种如艾达币和币安币，因其应用或功能差异而具有各自的市场价值。

然而，加密数字货币面临安全性、隐私泄露、监管挑战等风险，市场不稳定性和波动性也较大，增加了市场混乱和风险传播的可能。监管机构须采取有效措施以确保市场安全。面对加密数字货币的快速发展和复杂性，需要审慎分析其市场趋势和影响力，推动监管创新和风险管理。

新型加密数字货币，相对于比特币与以太币等老牌加密数字货币，更专注于大幅提升区块链某一方面的性质，并将其进行落地应用。如文件币和波卡币，文件币专注于提升去中心化，大幅提高区块链的存储与读取能力；波卡币专注于提升区块链的可编程性与透明性，旨在进行多链协同，构造多链并行的体系。监管时应注重其合法性和透明度，加强对技术和运行机制的了解，确保市场和金融安全。

第三节　加密数字货币交易所

加密数字货币交易所是一种互联网上的交易场所，允许用户使用法定货币买卖加密数字货币或交换不同种类的加密数字货币。目前市场上已经出现诸多加密数字货币交易所，不同交易所提供的服务有所差异。据此，可以将现有较为典型的加密数字货币交易所分为中心化交易所、去中心化交易所和混合型交易所。

一、中心化交易所

中心化交易所（CEX）是由某个中心化实体运营的平台，类似于加密数字货币界的银行或券商。用户在这些交易所的账户中托管资产，并通过平台提供的服务进行加密数字货币交易，包括理财和衍生品投资。

（一）币安交易所（Binance）

币安交易所是全球规模较大的加密数字货币交易所，由赵长鹏和何一联合创立于 2017 年，最初在中国运营。自 2017 年起提供超过 100 种加密数字货币的交易服务。币安交易所提供包括比特币、以太币在内的 150 多种加密数字货币交易服务，以及其自有代币币安币（BNB）的交易服务。以其每秒处理 140 万订单的能力，币安交易所在 2018 年年初成为全球最大的加密数字货币交易所，币安币市值一度达到 13 亿美元。币安币最初基于以太坊区块链，现已成为币安链的原生代币。币安交易所定期使用部分利润回购并销毁币安币，以增加其稀缺性。除了交易所，币安交易所还推出了币安智能链（binance smart chain）、信任钱包（trust wallet）和稳定币 BUSD，展现了其业务的多元化。

币安交易所提供现货、杠杆、合约、期权等多样化交易服务。平台以其高交易量和市场份额在全球加密数字货币市场中占据领先地位。2023年 4 月 27 日，币安交易所的单日交易量达到 380 亿美元，上线的加密数字货币超过 350 种。币安币为用户提供交易费折扣、参与首次交易所代币发行（Inicial Exchange Offering，IEO）和购买非同质化代币（NFT）等特权。

（二）货币基地（Coinbase）

货币基地（Coinbase）成立于 2012 年，是美国知名的加密数字货币交易所，也是全球最大的交易平台之一。货币基地支持包括比特币、以太币、莱特币在内的多种主流和小众加密数字货币，并定期评估新增币种。货币基地旗下另设有面向专业交易者和机构投资者的货币基地专业版（Coinbase Pro），提供高级交易功能，包括丰富的图表工具、多样的订单类型和较低的交易费用。

货币基地的优势在于其丰富的币种选择，支持包括比特币、以太币、狗狗币、泰达币在内的多种加密数字货币，满足投资、交易和抵押需求。其交易界面设计简洁，易于理解，且提供教育资源帮助用户学习。高流通性确保了即使在市场波动时，用户也能避免较大的点差影响。

在安全性方面，货币基地采取了包括冷热钱包、双因素认证、多签授权交易和安全套接层协议层（SSL）加密等措施，以保护用户资产。然而，货币基地的手续费相对较高，尤其是对于小额交易更为明显，银行和信用卡转账也需要手续费。此外，用户在货币基地上购买的加密数字货币存储在交易所控制的钱包中，这意味着用户无法完全控制自己的钱包密钥，一旦账户被封锁，资产提取将变得困难。货币基地作为一家上市公司，合规性较好，虽然增加了安全性，但也可能导致隐私风险集中，与加密数字货币去中心化的核心理念相悖。

（三）Kraken

Kraken 是一家成立于 2011 年的美国加密数字货币交易所。Kraken 以其卓越的安全性、合规性和稳定性而受到投资者的青睐。起初专注于比特币交易，Kraken 迅速扩展到其他加密数字货币。2013 年，Kraken 成为首个在彭博终端展示交易价格和数量的交易所，这一里程碑事件提升了其在业界的信誉。

Kraken 自 2011 年成立以来，经历了多次升级，2016 年的大规模改版显著提升了用户体验。该平台提供多样化的服务，包括交易、质押、保证金交易、期货交易等。Kraken 支持多种加密数字货币，提供美元、欧元和加元等法币交易对，以低交易费用著称，做市商费率为 0.16%，流动性接受者费率为 0.26%。Kraken 提供保证金交易业务，允许用户借入资金以增加交易规模，适用于比特币和以太币等加密数字货币，须遵守特定要求和费用。Kraken还提供多种加密数字货币期货，具有低费用和高杠杆优势。Kraken为大额交易者提供私密高效的交易方式，适用于月交易额达10万美元的客户。此外，用户可通过质押加密数字货币赚取被动收入，支持包括以太币、波卡币和艾达币在内的多种加密数字货币。

在安全性方面，Kraken将95％的资产存储在冷钱包中，所有账户提供双因素认证和硬件钱包支持。Kraken在全球多个国家和地区合法运营，遵循当地法规，并执行"了解你的客户"（KYC）和反洗钱（AML）程序以防范非法交易。

（四）库币交易所（KuCoin）

库币交易所成立于2017年，是一家总部位于塞舌尔的全球加密数字货币交易平台，提供包括币币交易、法币交易、合约、矿池和借贷在内的全面服务。因其用户界面与币安交易所相似，库币交易所有时被称为"小币安"。

库币交易所的充值和提现服务迅速，区块链资产充值到账快。技术方面，库币交易所的交易引擎采用了专业内存撮合技术和分布式账本技术，每秒处理能力超过百万单。库币交易所致力于成为"全民的加密数字货币交易所"，在韩国、日本、印度和欧洲等地建立了本地化社群。

库币交易所在2020年9月遭遇黑客攻击，损失了超过1.5亿美元的加密数字货币，但随后追回了大部分资产。尽管发生了安全事件，库币交易所迅速采取措施，承诺赔偿客户，并持续加强网络安全。尽管遭遇挑战，库币交易所的用户数量仍在增长。与货币基地、币安等知名交易所一样，库币交易所通过强化登录安全、身份安全和资产安全来保护用户资产。

登录安全方面，库币交易所实施二次验证（2FA）、手机短信通知、登录IP限制等，确保账户安全。身份安全方面，库币交易所实行"了解你的客户"（KYC）实名认证，未完成认证的账户在法币交易、现货交易和提币等方面受到限制。完成高级认证的用户可享受更高的提币额度和杠杆比例。资产安全方面，库币交易所提供交易密码、常用提币地址管理等工具，确保资金安全。用户在提币前须完成手机、邮箱、2FA 和交易密码的安全设置。

库币交易所的交易机器人是其独特功能之一，允许用户在网页端执行多种交易策略，包括现货网格、合约网格、智能持仓、极速定投和无限网格等。现货网格策略适用于震荡市场，实现高抛低吸，用户可设置多达200 个网格以捕捉更多利润机会。合约网格策略允许双向交易，无论市场涨跌，都有机会获利。无限网格支持币本位交易对，让用户在持有多种加密数字货币的同时，也能从它们之间的波动中获利。极速定投机器人允许用户设定总投资额上限，机器人将在此范围内自动执行定投。

（五）绿叶交易所（Bitfinex）

绿叶交易所（Bitfinex）是一家位于中国香港的加密数字货币交易平台，自 2012 年成立以来，以其全面的交易功能和高流动性在全球交易所中占有一席之地。绿叶交易所支持包括比特币、以太币在内的多种主流和小众加密数字货币，支持美元、欧元、英镑等法币，提供银行转账和即时性用转账（SEPA）等多种充值提现方式。绿叶交易所提供现货、杠杆、保证金交易和融资市场等多种交易方式。

绿叶交易所的用户界面专业且功能丰富，适合熟练交易者，但对新手可能较为复杂。绿叶交易所上的交易费用根据交易量和用户级别而定，采用做市商—摘单方费用结构。

绿叶交易所采取多重加密、冷钱包等措施，但曾发生过安全事故，尽管已加强安全措施。但是，绿叶交易所在某些国家/地区可能存在合规问题，例如因为合规性问题不再接受美国客户。

（六）加密数字货币的交易型开放指数基金（ETF）

交易型开放指数基金（Exchange Traded Fund，ETF），是一种在交易所上市交易的、基金份额可变的开放式基金。加密数字货币也可能成为ETF的投资对象，此时，传统金融市场上的投资者只需要投资ETF就可以间接投资加密数字货币。由于ETF在传统金融市场上市交易，容易发生风险传导现象，因而目前的加密数字货币ETF主要投资价值较为受信赖的比特币和以太币。

加密数字货币ETF可以分为加密数字货币期货ETF和加密数字货币现货ETF，分别投资于加密数字货币的期货交易和现货交易。2021年10月，美国商品期货交易委员会（CFTC）批准了世界上首支比特币期货ETF在芝加哥商品交易所上市。2024年1月，美国证券交易委员会（SEC）批准了世界上第一批比特币现货ETF在美国市场上市。二者之间存在显著的时间差，主要原因在于美国证券交易委员会担忧比特币交易中操纵市场等不正当交易现象泛滥，但是2023年8月美国华盛顿特区巡回上诉法院在判决中判断证券交易委员会拒绝比特币现货ETF上市的行为违法，从而最终推动了比特币现货ETF成功上市。

加密数字货币ETF为传统金融市场的投资者提供了便利、安全、低成本的方式参与加密数字货币交易。投资者无须了解复杂的技术知识，也不需要承担管理加密数字货币可能的技术风险，就可以实现投资。同时，目前比特币和以太币的单价都较高，而投资者可以通过ETF仅投资较小的金额。未来随着市场的发展和监管规则的进一步完善，预期将会出现更多类型的加密数字货币ETF。

（七）小结

中心化交易所主要提供两种交易模式，即订单簿模式和兑换/闪兑模式，如图 1-6 所示，但具体采用哪种模式并不总是明确公开。订单簿模式是一种点对点交易方式，用户可以提交买卖订单，并设定复杂的交易规则。交易所系统会撮合这些订单，并收取一定比例的手续费。这种模式类似于股票交易，常见于大型交易所如币安交易所。兑换模式则是指用户直接与交易所进行买卖，交易所提供即时买价和卖价。买价通常是交易所向用户出售加密数字货币的价格，相对较高；卖价则是用户向交易所出售加密数字货币的价格，相对较低。这种模式类似于银行的外币兑换服务。许多交易所同时提供这两种模式，甚至会针对具体交易，基于交易所收益最大化的原则决定采取何种交易模式予以处理。

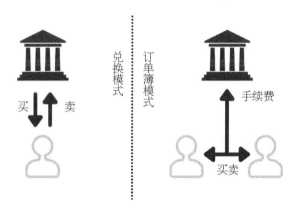

图 1-6　兑换模式与订单簿模式

二、去中心化交易所（DEX）和其他去中心化金融（DeFi）

去中心化交易所（DEX）允许用户直接进行交易和管理资产，无须传统中介如银行或券商。去中心化交易所利用区块链智能合约执行交易，提高了透明度，因为所有资金流向和交易机制都是公开的。此外，去中心化交易所减少了对手方风险和中心化风险，因为用户资金不通过第三方钱包。

作为去中心化金融的核心组件，去中心化交易所提供了无须许可的可组合性，使得可以构建更复杂的金融产品，是构建去中心化金融生态系统的重要"货币乐高"。

（一）优理交易所（Uniswap）

优理交易所是一个建立在以太坊上的去中心化交易所。优理交易所采用自动做市商（automatic market maker，AMM）模型，提供无须中心化服务器的加密数字货币交易。优理交易所具备高度的去中心化特征，运行在以太坊区块链上，提供更高的安全性和透明度。通过自动做市商算法，允许用户存入资产以提供流动性，简化交易流程。流动性提供者可以通过提供流动性赚取交易费，但须注意无常损失风险。

优理交易所以其去中心化特性和用户友好的交易体验，为寻求安全、透明交易的用户提供了一个有吸引力的选择。尽管存在使用门槛和网络波动风险，但它仍然是一个值得考虑的交易平台，适合对加密数字货币有一定了解的用户，新手可能需要学习相关知识。

（二）dYdX

dYdX 是一个基于以太坊的去中心化交易所，专注于提供衍生品和杠杆交易服务。

dYdX 提供高达 10 倍的杠杆，允许用户放大投资回报，但需要注意相应的风险。dYdX 支持永续合约和期权等衍生品交易，为用户提供多样化的风险管理策略。作为去中心化交易所，dYdX 在以太坊区块链上运行，具备安全性、透明度和抗审查性。dYdX 采用非托管模式，用户完全掌控自己的资产，避免了中心化交易所的安全风险。

dYdX 还提供了借贷功能，用户可以借入或借出加密数字货币，实现杠杆交易。与其他去中心化交易所和专业做市商合作，确保良好的流动性，用户界面直观，可与其他去中心化应用集成，提供广泛的服务。

dYdX 主要支持主流加密数字货币，适合有经验、对杠杆和衍生品交易感兴趣的交易者使用。平台提供隐私保护，但交易记录是公开的，用户需要注意保护钱包安全。然而，由于交易速度和费用受以太坊网络状况影响，用户需要注意网络波动可能导致的交易费用和确认时间的不确定性。

（三）薄饼交易所（PancakeSwap）

薄饼交易所是一个于 2020 年年底在币安智能链上推出的去中心化交易所，受优理交易所启发而来，采用了自动做市商模型，提供代币交易和流动性提供服务。薄饼交易所运行在快速、低成本的币安智能链上，并兼容以太坊应用，为用户提供了高效的交易环境。薄饼交易所采用了自动做市商模型，简化了交易流程，用户无须关注传统的订单簿，从而更加便捷地进行交易。用户可以通过提供流动性来赚取交易费，但用户须注意无常损失风险，这是流动性提供者需要考虑的重要因素。

在薄饼交易所上，用户直接控制资产，无须依赖中心化托管者，从而增加了交易的安全性和可信度。交易费用较低，通常为 0.2%，部分费用用于购买和销毁薄饼交易所的治理代币薄饼币（CAKE），为平台的生态系统作出贡献。薄饼币可以通过流动性挖矿等方式获得，可用于治理和获取收益，为用户提供了参与平台生态建设的机会。薄饼交易所还提供了抵押挖矿、代币兑换等多样化的服务，丰富了用户的交易体验。

作为去中心化协议，薄饼交易所保护用户隐私，但交易记录是公开的，用户需要注意个人信息的安全性。适合寻求低成本、快速交易的用户，但使用前需要了解相关知识，确保资产安全。

（四）龙卷风混币平台（Tornado Cash）

龙卷风混币平台是一个建立在以太坊上的去中心化应用（DAPP），

提供隐私保护功能。它利用零知识证明（zk-SNARK）技术确保用户交易的匿名性，保护用户隐私，且无须信任第三方。作为一个完全去中心化的智能合约，龙卷风混币平台不可更改且无须监督。

作为非托管协议，龙卷风混币平台允许用户在存取款时保留对加密数字货币的控制权。用户在存款时获得私钥，确保资金的完全访问权。龙卷风币（TORN）是龙卷风混币平台的治理代币，用于协议治理和支付手续费。简而言之，龙卷风混币平台旨在增强用户交易的隐私性。

龙卷风混币平台的核心是其部署在以太坊上的智能合约池，这些池允许用户进行私密交易。用户可以执行存款或取款操作，将代币从一个地址转移到另一个地址，同时切断交易的公共链接，保护用户隐私。这些操作遵循严格的规则，确保用户只能提取他们存入的特定代币，维护非托管性。

实际使用中，用户需要先将加密数字货币存入隐私池中并获得一笔存款凭证，未来用户通过存款凭证可以从任何地址中提取先前存入的加密数字货币。由于在存款凭证的生成和使用时转账的数据都不包含凭证本身，因此可以保证存取款两笔转账完全独立。另外，由于中继服务的存在，取款时的以太坊地址甚至不需要拥有支付转账费用的以太币，即可以提款至完全空白的地址。

龙卷风混币平台的混币池在 2022 年 2 月已有 15.6 万以太币和 1.65 亿美元，拥有区块链上最庞大的隐私资产池。目前，已经有超过 1.2 万独立地址向协议中执行了约 4.8 万次存款，并有超过 1.7 万独立地址从协议中取款，总共向中继服务支付了超过 200 万美元的中继费用。

由于龙卷风混币平台追求极致的去中心化和隐私性，现实中其绝大部分的使用场景为洗钱犯罪活动，为加密数字货币行业蒙上一层阴霾。2022年 8 月，荷兰执法当局逮捕了龙卷风混币平台的创始人，但这无法让去中心化的龙卷风混币平台立刻停止运作。同一时期，美国政府对龙卷风混币平台采取了封禁措施，要求任何企业和个人不得与龙卷风混币平台发生交易，各大中心化交易所和稳定币发行人等市场参与者纷纷采取措施响应，龙卷风混币平台的交易量跌至封禁前的十分之一左右，但并未完全消失。

（五）小结

去中心化交易所相较于中心化交易所具有以下五个显著特点：第一，用户无须进行注册验证，无须提交个人信息或履行"了解你的客户"（KYC）程序，只须通过钱包即可进行交易，从而保护个人隐私；第二，用户完全掌握私钥，私钥由用户保管，确保用户完全控制自己的资产，但若私钥丢失，资产也将无法找回；第三，所有交易结果都会上链，存储在区块链上，公开透明且不可篡改，同时保持交易者匿名，增加了交易的安全性和可信度；第四，去中心化交易所不支持法币交易，用户无法直接用法币购买加密数字货币，需要通过稳定币等其他渠道进行兑换；第五，基于区块链的智能合约确保去中心化交易所没有中心化交易所的单点故障风险，使得整个交易过程更加安全可靠。

去中心化交易所通过使用确定性的智能合约执行交易，确保交易按用户设定的条件精确执行，无须中心化第三方参与，提高了交易的透明度和安全性，与传统金融市场的不透明和潜在操控性形成对比。去中心化交易所还增强了金融普惠性，允许用户通过互联网和兼容钱包轻松访问智能合约。

去中心化交易所通过智能合约确保交易执行的确定性和透明性，降低了交易和流动性提供的门槛。然而，去中心化交易所也面临着多种风险。

首先，去中心化交易所的智能合约可能存在风险。智能合约的安全性依赖于开发者的技术能力，可能存在漏洞或被攻击，导致用户资产损失。尽管可以通过安全审计和测试来降低风险，但仍须保持警惕。

其次，流动性风险也是去中心化交易所的重要挑战。部分去中心化交易所市场流动性不足，可能导致交易滑点大，影响用户体验。流动性的网络效应使得去中心化交易所相对于中心化交易平台在流动性上处于劣势。

此外，去中心化交易所还会存在抢跑风险。链上交易的公开性可能使去中心化交易所用户面临抢跑攻击，套利者可能利用网络延迟从普通用户交易中获利。尽管去中心化交易所意图实现去中心化，但仍可能存在中心化风险，如撮合引擎部署在中心化服务器上，或开发团队拥有过多控制权。去中心化交易所还存在网络风险，链上交易成本高，网络拥堵或宕机时成本尤为显著，用户易受市场波动影响。

最后，使用去中心化交易所还存在资产风险，去中心化交易所允许用户创建交易市场，增加了交易低质量或恶意加密数字货币的风险。管理私钥对一些用户来说可能是挑战。尽管第三代互联网（Web3）的愿景是个人资产自主管理，但许多用户可能更倾向于第三方托管。采用安全的密钥管理机制可以帮助用户轻松管理资产，同时享受去中心化金融生态的服务。

三、混合型交易所

除了中心化交易所和去中心化交易所之外，目前还有部分交易所同时采用了两种模式，试图解决中心化和去中心化的交易弊端，从而提供更好的加密数字货币交易服务。混合型交易所通常由中心化交易所的运营公司以去中心化交易所的名义开发搭建，但在此类所谓去中心化交易所的治理架构中，开发者具备相较于其他参与者明显更强的控制权限，例如持有大部分治理代币、在系统管理中拥有特殊权限等。因此，此类交易所尽管名义上自称为去中心化交易所，但理论上一般将之归类为混合型交易所。

（一）币安去中心化交易所（BinanceDEX）

币安去中心化交易所（BinanceDEX）是由币安交易所开发的去中心化交易所，它允许用户直接通过区块链技术进行交易，无须中心化交易所的介入。自 2019 年推出以来，币安去中心化交易所基于专为高效和安全交易设计的币安链（Binance Chain），为用户提供了一个高性能的交易平台。

币安链是一个高性能的区块链，能够实现快速、低成本的交易。作为原生代币，币安币在币安去中心化交易所中发挥着重要作用，用户可以使用币安币支付费用、交易对和参与众筹。币安去中心化交易所具有高性能和速度，能够快速处理大量交易，提供与中心化交易所相仿的性能，同时，币安去中心化交易所注重用户友好性，提供简洁的界面和操作体验，使用户能够轻松管理资产和进行交易。

（二）火币生态链（HuobiEcoChain）

火币生态链是火币交易所推出的公有链，基于以太坊技术，旨在为去中心化金融和去中心化应用提供高效、低成本的运行环境。火币生态链的推出旨在解决去中心化金融市场增长迅速和以太坊网络拥堵的问题，于 2020 年年底正式面世。火币生态链已吸引了多个去中心化金融和去中心化应用项目，如借贷平台等，同时支持火币（HuobiToken，HT）作为其原生代币，用于支付费用、质押和治理。尽管火币生态链面临市场竞争，但其性能和成本优势有望推动其在去中心化金融和去中心化应用领域取得成功。

（三）库币去中心化交易所（KuCoinDEX）

库币去中心化交易所是库币交易所开发的去中心化交易所，支持加密数字货币和非同质化代币（NFT）之间的交换。它采用自动做市商算法，通过公式而非订单簿来确定交易对价格，并设有流动性池，用户可存入代币赚取交易费。

自 2022 年上线以来，库币去中心化交易所向库币用户空投了治理代币，这些代币用于协议治理和激励。库币去中心化交易所支持多链网络，旨在提供一个安全、便捷、低成本的去中心化交易体验。

库币交易所发行的治理代币库币，每日根据用户持有量分配平台交易手续费的 50％作为奖励。用户须持有至少 6 库币才能参与奖励分配。库币还可用于享受交易折扣，具体优惠取决于用户的会员等级和库币持有量。用户可根据自己的库币持仓量和交易量获得不同的费率折扣和提现额度。

库币去中心化交易所具有以下特点。用户通过私钥直接在区块链上交易，不依赖中心化交易所，增强资产安全性。它基于现有或新创建的公链构建，促进去中心化金融生态系统的发展，包括借贷、流动性挖矿等。

四、中心化与去中心化交易所对比

中心化交易所的优点包括提供多样化的服务、对新手友好的教学资源，以及完善的客户服务体系，即使用户忘记密码也能获得帮助。中心化交易所还支持法币交易，并提供优秀的用户界面和体验，这是许多用户首选中心化交易所的原因。

然而，中心化交易所的主要缺点在于其中心化特性，交易所负责保管用户的私钥和个人信息，一旦遭受黑客攻击，可能导致用户和平台的重大损失，甚至平台倒闭。此外，中心化交易所的交易过程和结果不在区块链上记录，存在平台操纵市场、挪用客户资产等风险。

去中心化交易所的优点主要是其隐私性：交易结果在链上公开，资金流向透明且匿名。

去中心化交易所的缺点是仅支持加密数字货币交易，无法交易法币。匿名性可能导致洗钱问题。依赖智能合约和区块链性能，存在被黑客攻击的风险。服务项目有限，平台教学和客服通常不如中心化交易所。

中心化与去中心化交易所的特点对比如表 1-3 所示。

表 1-3　中心化与去中心化交易所特点对比

特征	中心化交易所	去中心化交易所
注册	需要注册	不需要注册
对客户的掌握程度	有"了解你的客户"（KYC）流程	无"了解你的客户"（KYC）流程
隐私性	较差	较佳
钱包私钥	交易所保管	用户保管
法币功能	能支援法币	不支援法币
服务项目	较多	较少
交易结果	交易结果不上链	交易结果会上链
交易透明度	较低	较高
客服系统	较佳	较差
对用户教学	较佳	较差
单点故障	可能发生	无
洗钱可能性	较低	较高
交易模式	订单簿模式 兑换模式	订单簿模式 自动做市商模式

第四节　加密数字货币的监管政策现状

针对加密数字货币这一新兴领域，国际组织和各国政府已经陆续提出了一系列监管策略，以确保其合法、安全、有序地发展。部分国际组织已经针对加密数字货币的特点和风险制定了相应的监管方案。同时，也有部分国家开始对加密数字货币进行严格监管，以保障市场的稳定和投资者的权益。

一、国际组织对加密数字货币风险和监管的研究

随着加密数字货币的快速发展，金融稳定理事会、国际货币基金组织、国际清算银行、金融行动特别工作组、国际证监会组织、欧洲银行管理局和国际标准化组织等国际组织纷纷针对加密数字货币的风险和监管问题展开研究，并发布了相关报告或声明。不同国际组织从各自的专业角度出发，对加密数字货币的监管路径进行分析，为全球范围内的金融监管提供了重要参考。

（一）金融稳定理事会（FSB）

金融稳定理事会多次发布报告，详细分析加密数字货币的风险。报告将相关风险主要分为两大类：与数字钱包和托管服务相关的风险，与交易、贷款和借款相关的风险。数字钱包作为加密数字货币活动的关键接口，在保障用户资产方面至关重要，但非托管式钱包常处于监管空白地带。交易和借贷活动在加密数字货币市场内部及其与传统金融市场之间建立了紧密联系，从而可能加剧金融风险的传递。加密数字货币交易平台提供了交易便利，但借贷平台为追求高回报而采取的高风险投资策略可能引发流动性风险和期限错配问题。这些活动在加密数字货币市场中大多未受到与传统银行相同的严格监管，增加了市场的不稳定性。此外，报告还探讨了无担保加密数字货币、稳定币和去中心化金融对金融稳定性的影响，强调稳定币作为传统货币与加密数字货币之间的桥梁，其稳定性对整体加密数字货币市场至关重要。若稳定币出现问题，可能会对更广泛的加密数

字货币生态系统造成压力，甚至影响到短期融资市场。

（二）国际货币基金组织（IMF）

国际货币基金组织在其报告中认为，加密数字货币投资者和用户，以及加密数字货币服务提供商，都面临着高风险。具体而言包括以下几种。

1. 投资者风险与平台运营和网络风险

与传统投资相比，加密数字货币投资者可能面临更为明显的损失风险。同时，在过去的几年里，一些加密数字货币交易平台和钱包提供商，包括大型知名公司，曾遭到黑客攻击，导致客户资产被盗。其中最大的事件涉及几亿美元损失，导致供应商破产和投资者处于亏损状态。一些交易所正试图通过签订网络保险合同或建立独立的赔偿基金来减轻这种风险，但通常没有公共或其他安全机制，如存款保险或中央银行的流动性设施。

2. 加密数字货币和代币发行者的市场、信用和违约风险

许多加密数字货币资产波动性很大，投资者和加密数字货币交易平台面临重大的市场风险。即使是所谓的稳定币也有可能受到发行人的信用和违约风险的影响，因为稳定币的抵押资产（如银行存款）可能没有与发行人的其他资产分开，如果发行人申请破产，稳定币的抵押资产和发行人的固有资产可能发生混同。发行人的信用恶化将反映在相应的稳定币价格上。稳定币的发行人也往往是加密数字货币交易平台的关联方。因此，稳定币发行人和加密交易平台运营商之间存在额外的利益冲突。

3. 发行人和服务提供者的流动性风险

发行人可能允许投资者赎回（通常是非常短期的，如以天为单位），以换取其他货币或资产。此外，即使发行人没有回应赎回要求的法律义务，投资者可能期望他们能够与各类服务提供商（如加密数字货币交易平台）随时交易，而没有高额的赎回成本。对发行人和服务提供商来说，有强烈的动机满足投资者的这种赎回要求，以避免加密数字货币的信誉失败。这种压力可能会引发发行人抛售抵押资产，从而对银行和债券市场等更广泛的金融部门产生负面影响。

4.市场健全性风险

许多加密数字货币资产没有由有形资产或其他证券支持（如比特币和以太币），因此没有明确的内在价值（与稳定币不同）。市场的价格发现功能不可避免地减弱。因此，这类资产面临较高的市场操纵风险。传闻表明，一些大型加密交易平台允许投资者进行清洗交易。此外，由于交易通常是匿名的、跨境的和分散的，对市场操纵行为的执法面临较大挑战。如果资产代币化在未来得到更普遍的使用并扩展到传统资产，可能会带来更加严重的风险。

5.加密数字货币资产发售中的失误和欺诈风险

由于缺乏关于所提供的产品的可比信息，再加上内在的技术复杂性和围绕无价证券的炒作，加密数字货币成为一种难以理解的产品，被用于欺诈目的的风险增加。

6.洗钱和资助恐怖主义行为风险

加密数字货币资产也可能产生被滥用于洗钱和资助恐怖主义的风险。部分原因是加密数字货币具有不同程度的匿名性或"伪匿名性"，使监管行动具有挑战性。虽然监管机构可能能够追踪区块链上的交易，但基于各类加密数字货币不同的匿名程度，监管机构可能并不总是能够确定交易双方的身份，以及最终谁拥有加密数字货币资产。匿名功能的增强使监管机构使用网络追踪犯罪分子进一步复杂化。此外，各类应用层创新技术的发展进一步降低了交易的可见度。例如，以闪电网络为代表的二级扩容技术将一组交易打包，仅将该组交易轧差后的最终结果写入区块链，缓解了区块链交易速度和容量的问题，但该组交易内的各具体交易就不再对公众可见。

7. 审慎和系统性风险

加密数字货币提供者和发行者正加强与传统金融机构的联系，通过衍生品、关联产品和网络保险等方式改变竞争格局，带来需要审慎应对的风险。这些风险可能引发金融机构间的传导风险，尤其是若风险敞口继续扩大或管理不善。随着稳定币相关技术的发展，现有金融机构将更积极地涉足加密数字货币业务，甚至可能发行自家稳定币。加密数字货币和分布式账本技术将影响行业格局，加剧未来竞争，威胁金融部门的稳健性。数字化也将广泛、强烈地影响金融部门的商业模式。尽管初步评估认为加密数字货币不构成重大系统性风险，但技术和市场的快速发展可能正在改变这一状况。

（三）国际清算银行（BIS）

国际清算银行在其所发布的报告中说明，加密数字货币商业模式可能会带来金融犯罪、消费者 / 投资者、市场诚信和金融稳定方面的风险，而现有的监管框架尚未涵盖这些风险，为调整法规以满足新的需求带来了挑战。

对加密数字货币和加密数字货币服务提供商（Cryptocurrency Service Provider，CSP）的监管取决于加密数字货币的类型和服务提供商所从事的活动所带来的风险。如果加密数字货币所带来的风险与现有的受监管资产的风险相同，则相关规则适用于加密数字货币或加密数字货币服务提供商。在这种情况下，监管机构正在通过提供指导、修订其法规或在加密数字货币的具体框架中提及这些要求来阐明现有规范的应用。对于现有框架尚未涵盖的风险，各司法管辖区正在评估这些风险是否应纳入监管。然而，在分析监管问题时，至少有两个相关挑战：一是缺乏对加密数字货币的统一分类，二是缺乏统一的活动范围，无法界定一个实体是否为加密数字货币服务提供商和跨司法管辖区的加密数字货币服务提供商。

（四）金融行动特别工作组（FATF）

在金融行动特别工作组针对虚拟资产及虚拟资产服务商的报告中，对于加密数字货币，金融行动特别工作组的研究着眼于风险防范的基础方法。加密数字货币的交易过程难以被传统金融机构监管，为洗钱和资助恐怖主义活动提供了可乘之机。因此，金融行动特别工作组对虚拟资产服务提供商（涵盖加密数字货币交易所）、国家均提出了相应建议。

对于国家而言，金融行动特别工作组在报告中强调各国应加强对虚拟资产服务提供商的监管，认为应当对虚拟资产服务提供商进行初始风险评估，从而帮助相关机构识别和缓解潜在风险。同时，金融行动特别工作组建议各国应将虚拟资产及虚拟资产服务提供商（包括加密数字货币以及其交易所）纳入其反洗钱和反恐怖融资的监管框架中，防止其成为非法资金流动的渠道。具体而言，金融行动特别工作组认为监管应当包括客户审查、重要政治性职务人士的管理、通汇银行业务及其他相似关系的监控、电汇转账规则的遵守、内部控制及外国分公司及子公司的管理等。特别是电汇转账规则中既有的"旅行规则"（travel rule）也应当适用于虚拟资产交易，虚拟资产服务提供商（涵盖加密数字货币交易所）在为用户将其虚拟资产转移至另一虚拟资产服务提供商时，应当通知受让人的服务商一定的交易信息，例如转让人和受让人的身份信息等。此类交易信息会随着虚拟资产一同旅行流转，因而被称为旅行规则。

而对于虚拟资产服务提供商（包括加密数字货币交易所），金融行动特别工作组要求其建立疑似洗钱或恐怖融资交易报告及揭露机制，及时将可疑交易报告给相关监管部门。

（五）国际证监会组织（IOSCO）

国际证监会组织在其报告中将加密数字货币所涉及的风险分为 6 类，但未涉及不同类别中有关风险等级的探讨。与加密数字货币直接相关的主要风险包括以下内容：

市场流动性风险：低流动性或萧条市场会影响投资者在出售或购买加密数字货币时的价格。因此，投资者可能很难退出加密数字货币市场，将加密数字货币的价值转化为货币价值。

波动性风险：由于缺乏"真实"的基础资产，加密数字货币的估值和定价很困难。因此，加密数字货币存在高波动性风险，投资者可能遭受巨大损失。

对手方风险：加密数字货币的持有者可能面临来自加密数字货币经纪人、加密数字货币交易平台、钱包提供商和其他中介机构的风险。要识别或找到加密数字货币的发行者、交易平台、钱包提供商或中介机构可能会很困难，甚至不可能，特别是在跨境情况下，可能也很难确定哪些法律可能适用。因此，如果投资者有索赔要求，可能很难起诉发行人或钱包提供商并获得强制执行。

投资金额部分或全部损失的风险：投资的资本没有保证，与投资有关的风险可能没有在加密数字货币发行人公布的文件中得到明确说明。

信息披露不足的风险：关于项目及其风险的信息可能缺失、不准确、不完整和不清楚。加密数字货币发行人提供的文件可能是高度技术性的，需要复杂的知识来理解加密数字货币和项目的特点。

项目风险：在许多项目中，加密数字货币的价值和稳定性在很大程度上取决于加密数字货币或首次代币发行（ICO）背后的项目团队的技能和勤奋，如果项目团队能力不足或者做出背任行为，加密数字货币的购买者将遭受重大损失。

（六）欧洲银行管理局（EBA）

欧洲银行管理局在加密数字货币的风险分类及控制中偏重对于相关金融消费者的保护。欧洲银行管理局在其发布的报告中警告消费者，许多加密数字货币具有高风险和投机性，不适合作为大多数零售消费者的投资或支付手段。如果消费者购买这些资产，将面临失去所有投资资金的现实可能性。消费者应该警惕误导性广告的风险，包括通过社交媒体和"网红"。消费者应该特别警惕承诺的快速或高额回报，尤其是那些看起来好得不真实的回报。消费者应该意识到他们缺乏追索权或保护，因为加密数字货币及相关产品和服务通常不属于欧盟现行金融服务规则的现有保护范围。

此外，欧洲银行管理局针对相关投资活动的增加，以及交易商通过社交媒体等方式大规模推荐加密数字货币和相关产品的情况，还在其官方网站上采取了更加简明的方式将加密数字货币投资所存在的风险告知了消费者，说明许多加密数字货币风险和投机性很高，并且规定了消费者可以采取的关键步骤，以确保他们作出明智的决定。

（七）国际标准化组织（ISO）

国际标准化组织对加密数字货币的关注集中于其对于经济稳定性的影响，并且主张风险研究的最终目的在于监管。该机构认为对加密数字货币风险的分析应当包括商业和私营行业的影响，各种政治和区域问题，以及如何将前述要素组成一个可供所有主体使用的有效框架。

国际标准化组织在其官网上表明，便利性是加密数字货币的一大优势，但有三个与安全有关的问题需要解决：

信任：以便支持国际金融生态系统能够接纳加密数字货币用于金融支付和金融交易。

有约束力的责任：以确保支持金融生态系统的投资不会产生负面的法律后果。

隐私：以便作为消费者的个人与支持性金融基础设施能够确保信息在需要时保持隐私安全。

除此之外，国际标准化组织特别提出了加密数字货币相关欺诈行为的重大风险，并且详细描述了欺诈的主要模式：欺诈者谎称建立特定的数字平台提供某种服务，出售声称可以购买该服务的加密数字货币并宣传其增值可能性，购买者期待加密数字货币的价值增加而购买，但实际上欺诈者并不会提供相应的服务，实际上是一种庞氏骗局。

二、域外国家对加密数字货币的监管态度

随着加密数字货币市场的规模与市值迅速增长，大量投资者开始参与加密数字货币交易。然而与传统金融市场不同，加密数字货币市场的监管体系尚不完善，监管机构对于如何规范这一市场仍存在较大争议。同时，加密数字货币匿名性、去中心化等特殊性质使其在洗钱、恐怖融资等非法活动中被滥用。此外，加密数字货币交易的跨国性也增加了监管的复杂性，这就要求信息共享和协调等全球范围内的协作。在此背景下，监管问题逐渐成为各国政府与国际机构关注的焦点，因此有必要深入研究加密数字货币监管问题，制定完善的监管政策和法规，实现加密数字货币市场的健康、稳定与可持续发展。

（一）美国

目前美国尚未针对加密数字货币制定独立的监管框架，而仍在现有金融监管法律体系内对加密数字货币相关活动进行规制。其中，最为活跃的联邦机构是美国证券交易委员会（Securities and Exchange Commission,

SEC）。SEC 运用美国证券法上的豪威测试（Howey Test）标准，将众多加密数字货币判定为证券，豪威测试是美国《1933 年证券法》所规定证券兜底条款"投资合同"的判例法解释，被界定为如下四个要件：（1）金钱投资要件，即利用金钱投资（investment of money）；（2）共同事业要件，即投资于共同事业；（3）收益期待要件，即投资者对获得收益有合理预期；（4）投资者被动性要件，即收益完全（solely）依赖于投资人以外的人的努力。[①]SEC 运用豪威测试认定大部分应用代币属于证券，采取了相应的执法措施。[②] 但是证券监管的内容不完全适合用于监管加密数字货币，例如证券所要求的强制信息披露也不能向投资者充分提供影响加密数字货币价格的重要信息。同时 SEC 的执法活动较为严厉，并且存在很大的不确定性，相关从业者难以预先判断自己的商业行为是否会成为 SEC 的执法对象，从而有可能阻碍创新。

在政策层面，美国已经体现出继续探索监管框架的意愿。比如，美国总统拜登在 2022 年 3 月签署第 14067 号行政命令《关于确保数字资产负责任地发展的行政命令》（*Executive Order on Ensuring Responsible Development of Digital Assets*），强调美国在采取有力措施降低数字资产可能给消费者、投资者和商业保护带来的风险、促进金融稳定和金融体系完整、打击和预防犯罪和非法金融、维护国家安全等方面的决心。随后，白宫在 2022 年 9 月发布《关于数字资产负责任地发展的首个综合框架》（*First Ever Comprehensive Framework for Responsible Development of Digital Assets*），针对《关于确保数字资产负责任地发展的行政命令》提出了在

---

① SEC v. W.J. Howey Co., 328 U.S. 293（1946），后续判例对投资者被动性要件作出了更为宽泛的解释，如果满足"投资人以外的人的努力相较于投资人的努力而言非常重大，其管理性努力（management effort）决定了共同事业的成功与否"，那么无须要求"完全依赖"也可以满足投资者被动性要件。

② See e.g. SEC, *Munchee Inc.*, Securities Act Release No. 10445（Dec. 11, 2017）.

保护消费者、投资者、企业、国家金融稳定、国家安全和环境等方面的七项建议。

美国的加密数字货币监管特点体现为州与联邦的双线监管与各监管部门之间的多头监管。州与联邦的双线监管意味着除联邦立法之外，加密数字货币受到各州不同法律的监管。受各州对新兴金融科技的接纳程度各不相同，因而各州在加密数字货币相关牌照管理与税收规定等方面都存在不同，加剧了监管局面的复杂性。此外，美国各监管机构互相独立，在各自职能范围内进行监管。此种监管模式虽能够形成各机构互相配合，防止监管漏洞的优势，但也存在一些弊端，尤为突出的是对于加密数字货币的管辖冲突，由于各部门对于加密数字货币的性质认定不统一，在实务中出现了一定的监管混乱局面，长期而言将不利于市场的稳定与规范。

（二）欧盟

总体而言，欧盟在加密数字货币的监管上走在世界前列。《加密资产市场监管法案》（*The Markets in Crypto Assets Regulation Bill*，MiCA）是欧盟层面为加密资产建立针对性法律框架的有益探索，其以保持金融稳定、监管透明、支持创新及公平竞争、保护中小投资者利益及加密数字货币市场稳定等为目标，在促进金融创新的同时，对加密资产中涉及洗钱、金融犯罪和恐怖主义融资的行为进行严格监管。该法案于 2022 年 4 月在欧盟议会批准通过，在欧盟 27 个成员国正式批准后于 7 月生效。基于《加密资产市场监管法案》，欧盟层面的监管机构主要为欧洲银行管理局（European Banking Authority，EBA）、欧洲证券及市场管理局（European Securities and Markets Authority，ESMA），以及作为稳定币监管机构的欧洲中央银行（European Central Bank）。

《加密资产市场监管法案》重点监管的加密数字货币主要为两类稳定币资产，即资产参考代币（asset-referenced token）与电子货币代币

（e-money token），以及除上述两种资产外的其他加密数字货币。其中资产参考代币指泰达币（USDT）、美元币（USDC）等通过参考其他价值资产、权益或两者的结合（包括一种或多种法币）来稳定自身价值的加密数字货币。电子货币代币则指通过参考单一法币来稳定其价值的加密数字货币。此外，《加密资产市场监管法案》对于加密数字货币项目的营销信息内容、信息发布及信息修改等作出明确规定，并对加密数字货币项目方施加了信息报告制度、营业主体限制、行为限制等限制机制。

（三）新加坡

总体而言，新加坡对于加密数字货币设立了较为清晰的监管框架。新加坡金融管理局（Monetary Authority of Singapore，MAS）在 1970 年《新加坡金融管理局法案》下设立，行使制定与实施金融货币政策、指导与监管金融业和银行业发展、维持货币与支付体系稳定等中央银行职能。新加坡金融管理局将加密数字货币分为功能型代币（utility token）、证券型代币（security token）和支付型代币（payment token）三类，并采取不同的监管措施。功能型代币须具有使用价值，并且不具备分红与证券属性或支付功能。由于该种代币在区块链应用中的特殊性与创新性，新加坡金融管理局并未对其进行严格监管，而是赋予了较大发展空间，但其发行仍受到反洗钱、反恐怖融资等相关法律规制。证券型代币、支付型代币则由《支付服务法案》（*Payment Service Act*，PSA）、《数字代币发售指南》（*A Guide to Digital Token Offerings*）、《证券与期货法》（*Securities and Futures*，*Act SFA*）等专门法规监管。

基于新加坡现有的《支付系统法案》［*Payment Systems（Oversight）Act*，PSOA］及《货币兑换及转账服务法案》（*Money-changing and Remittance Businesses Act*，MCRBA），2019 年的《支付服务法案》设立了对数字支付代币（digital payment token，DPT）及电子货币（E-Money）的监管规则，

监管范围包括账户发行服务、国内汇款服务、跨境汇款服务、支付型加密数字货币服务、电子货币发行服务、商家收单服务与货币兑换服务。具体而言，提供数字支付代币服务及电子货币发行服务需要申请支付服务提供商牌照。在《支付服务法案》下，数字支付代币的核心特征为不以任何货币计价、发行人也不将其与任何货币挂钩，旨在成为公众或特定公众群体的交换载体，用于支付商品或服务或清偿债务并且可用电子方式转让、存储或交易。在此描述下，稳定币属于落入数字支付代币的范围，需要向新加坡金融管理局申请对应牌照。在《支付服务法案》下存在三类牌照，分别为货币兑换（money-changing）牌照，标准支付机构（standard payment institution）牌照与大型支付机构（major payment institution）牌照，要求各加密数字货币服务提供商根据自身业务申请相关牌照，合规运行。此外，《支付服务法案》还创设了指定制度（designation regime），即新加坡金融管理局可以指定某一大型支付系统以保持经济稳定，也能够指定其他支付系统加入竞争以防范单一支付系统形成垄断地位。在 2017 年《数字代币发行指引》下，新加坡金融管理局监管属于《证券与期货法》项下的资本市场产品（Capital Markets Products，CMP）的加密数字货币，而对于功能型代币，其发行与发售则无须获得新加坡金融管理局许可。

（四）日本

日本对虚拟资产的监管主体包括政府监管机构与自律监管组织。2020年 4 月，日本建立自律监管机构，即日本虚拟货币交易所协会（JVCEA）和日本证券代币发行协会（日本 STO 协会）。日本虚拟货币交易所协会和日本证券代币发行协会促进监管合规，并在建立最佳实践标准和确保遵守法规方面发挥了重要作用。日本政府的加密数字货币监管策略的主要特点包括围绕投资者保护的行为监管，具体包括重点保障加密数字货币交易平台的用户资产安全、对可交易的加密数字货币种类作出限制以及强化对加密数字货币进行广告和劝诱行为的规制。日本监管机构还强化了加密数字货币作为投资对象时的监管措施，将首次币发行、加密数字货币现货和衍生品交易的适当性分层次地纳入金融市场统合监管法《金融商品交易法》的监管范围。日本修正《资金结算法》，将稳定币归为加密数字货币，并允许持牌银行、注册支付机构、信托公司作为稳定币的发行人。稳定币可以与日元进行挂钩，而日本国内的民众可以通过稳定币来购买各种加密数字货币。

日本政府对于加密数字货币的监管以分层的形式展开。在监管策略上优先监管反洗钱、反恐怖融资，其他监管要点包括用户权益保护、信息与数据安全管理、交易机构与用户资产（包括现金与加密数字货币）的有效隔离等。《资金结算法》已认可加密数字货币是该法项下的合法财产，此外与其他司法管辖区类似，日本也区分加密数字货币的属性、功能和用途而施加不同的监管制度。

在税收监管方面，日本国税局于 2017 年 12 月裁定，加密数字货币的收益应归类为"杂项收入"，并实行超额累进制税率，税率从 5％到 45％。此外，该等利润的 10％还应作为住民税支付给地方政府。销售或兑换加密数字货币无须支付消费税，但就加密数字货币收取的借贷费用和利息将征收消费税。此外，继承加密数字货币也将征收继承税。在日本开展加密数字货币业务的税负较高，这是对比其他免税离岸地或低税负司法管辖区的主要劣势。

三、国内监管现况

相较于其他国家的监管模式，我国是最先对加密数字货币进行强制监管的国家，监管措施也最为严厉，目前处于全面禁止的状态。中国（不含港澳台地区）对加密数字货币的监管以全面禁止与代币发行融资交易及"虚拟货币"相关的非法金融活动为逻辑,重点监管对象为一切涉嫌非法发售代币票券、集资、诈骗、传销等非法融资行为和遏制非同质化代币(NFT)金融化证券化倾向,严格防范非法金融活动风险。而我国香港地区作为国际金融中心,态度则更为开放。在香港,加密数字货币主要被划分为证券型加密数字货币、功能型加密数字货币和虚拟商品。针对不同类型的加密数字货币,香港监管机构采取了不同的监管政策。

(一)中国(不含港澳台地区)

自 2013 年以来,我国政府一直在试图通过一系列规定和政策来控制和监管加密数字货币。最早在 2013 年中国人民银行即禁止金融机构处理比特币交易,2017 年中国人民银行发布《关于防范代币发行融资风险的公告》,不再允许加密数字货币和法币之间的兑换交易,自此加密数字货币在中国境内的场内交易宣告结束。2021 年,中国人民银行牵头并联合最高人民法院、银保监会、证监会等十部门发布《关于进一步防范和处置虚拟货币交易炒作风险的通知》,严格禁止和取缔虚拟货币相关的涉嫌非法发售代币票券、擅自公开发行证券、非法经营期货业务、非法集资等情形的非法金融活动。该通知指出虚拟货币交易炒作活动抬头,扰乱经济金融秩序,滋生赌博、非法集资、诈骗、传销、洗钱等违法犯罪活动,严重危害人民群众财产安全。并要求各地金融管理部门要进一步加强对加密数字货币交易活动的监管,禁止金融机构和支付机构开展加密数字货币交易业务,加强虚拟货币交易炒作风险监测预警,严格防范金融风险。目前,我国法律部分承认加密数字货币的财产属性,除此之外的开采、发行、交易、兑换等与加密数字货币有关的行为已逐渐呈现不受中国法律保护的趋势。自 2021 年起,中国政府更加强调对加密数字货币的监管,明确表示加密数字货币不是法定货币,并禁止金融机构和支付机构开展加密数字货币交易业务。同时,中国政府还在加强对加密数字货币挖矿的监管,认为挖矿活动消耗大量能源，对环境造成严重污染，需要加强控制和规范。

（二）中国香港

中国香港的加密数字货币监管相对宽松。香港证券及期货事务监察委员会（证监会，SFC）已经制定了一系列关于加密数字货币的指引和规定，包括将加密数字货币交易平台纳入监管、对加密数字货币投资者进行风险警示、要求加密数字货币基金符合一定的投资标准等。此外，香港特区政府也鼓励加密数字货币的发展，认为加密数字货币技术有助于推动金融科技发展和创新。因此，香港也成了一些加密数字货币交易所的重要落脚点，吸引了不少加密数字货币投资者和企业来此发展。

香港特区政府在各类法规中将加密数字货币称为"虚拟资产"。2018年11月，香港证监会发布了《有关针对虚拟资产投资组合的管理公司、基金分销商及交易平台营运者的监管框架的声明》及其附录2《可能规管虚拟资产交易平台营运者的概念性框架》，指出了无牌照平台运营者向投资者提供虚拟资产投资服务所带来的风险，提出了一种基于监管沙盒的自愿牌照制度。平台运营者如果有意获得香港证监会发牌，需要先在平台上提供符合证券定义的至少一项虚拟资产服务，方可向证监会申领牌照。这是因为香港证监会只对证券和期货交易等金融活动具有监管权限，如果不提供符合证券定义的虚拟资产交易服务，香港证监会就无权监管。自愿牌照制度实际上仅在平台意欲申领牌照时才适用，平台可能会出于宣传自身合规性的目的而申领。同时，这一时期的自愿牌照制度通过监管沙盒机制实施，平台与香港证监会需要共同协商，探索适当的监管标准。

2019年11月，香港证监会发布了《立场书：监管虚拟资产交易平台》，明确了监管沙盒时期树立的监管标准，要求因提供证券型代币交易服务而被纳入监管对象范围的虚拟资产交易平台只能向专业投资者提供服务。由于直接适用证券行业的既有牌照制度，具体监管规则非常完善，包括财务稳健性、运营、预防市场操纵及违规活动、保管资产、投资者适当性、风险管理、利益冲突、会计及审计、打击洗钱及恐怖融资犯罪等事项的细则。

2022 年 12 月，香港立法会通过了《2022 年打击洗钱及恐怖分子资金筹集（修订）条例草案》，在《打击洗钱及恐怖分子资金筹集条例》中新设了虚拟资产服务提供商（VASP）牌照制度，无论虚拟资产交易平台是否提供证券型代币相关服务，均应取得虚拟资产服务提供商牌照，如果提供证券型代币相关服务，那么还应同时取得证券行业的相关牌照。虚拟资产服务提供商应当遵守反洗钱相关规定，包括客户身份审查、保存交易记录等，还应遵守各项保护投资者的监管要求，例如妥善保管客户资产、财务健全、避免利益冲突等。修法放宽了投资者适当性的限制，对于流动性较高的主流币种，可以向普通投资者提供服务，但是除此以外的币种仍然只能向专业投资者提供服务。修法于 2023 年 6 月开始实施，截至 2024 年 6 月，已经有两家企业获得了虚拟资产服务提供商牌照，并向普通投资者提供比特币、以太币两种虚拟资产的交易服务，向专业投资者提供多达数十种虚拟资产的交易服务，另有十余家企业正在申领虚拟资产服务提供商牌照。

2022 年 12 月，香港交易所上市了亚洲首批虚拟资产的交易型开放指数基金（Exchange Traded Fund，ETF），包括比特币期货 ETF 和以太币期货 ETF。2024 年 4 月，香港证监会批准了一批虚拟资产现货 ETF，包括比特币现货 ETF 和以太币现货 ETF。各类虚拟资产 ETF 为广大普通投资者提供了投资虚拟资产的更多途径。

明确的立法对于香港的加密数字货币市场有着重要的指导和规范作用，确保市场的稳定和安全。总体来说，香港地区的加密数字货币政策监管重点是加强对虚拟资产交易平台的监管，提醒投资者注意风险，推进金融科技创新，加强反洗钱和打击资助恐怖主义监管等方面。这些措施旨在保护投资者利益、维护市场秩序和稳定。

四、总　结

比较国际组织和各国政府对于加密数字货币的监管方案，可以看出目前针对加密数字货币监管存在国际标准异质性和不一致性、技术和市场迅速发展对风险评估造成损害以及缺乏跨国合作等问题。

（一）国际标准的异质性和不一致性

在加密数字货币的风险分类分级中，各国监管部门与各国际组织间存在显著的异质性。这种异质性在各国政府间表现得更加显著。

加密数字货币相关定义框架的异质性体现于相关监管机构或组织对于风险的分类。依据加密数字货币类型（无担保加密数字货币、稳定币等）或者加密数字货币交易参与者（投资者、交易所、其他服务商等）对风险进行分类可以提供一种最为直观的参考模式，便于及时归类新的风险类型。但由于各概念定义的不同，这种直观的分类方式在跨机构合作或交流时可能会造成理解上的困难。目前金融行动特别工作组已经注意到了这种差异的重大影响，并尝试提供一种较为统一的概念框架。

各国或各组织的前景预期差异通常与政府或国际组织核心的判断有关。造成这一差异的原因在于加密数字货币在各国的应用情况不尽相同，在部分国家带来了显著的经济效应，但在其他国家可能造成了严重的金融损失，这种情形可能与不同国家对于金融业以及互联网的监管政策有关。而应用效果则会进一步影响监管者对于加密数字货币的态度，可能会使其更加缓和，或者更为严苛。

除此之外，造成这种分类分级模式上异质性的原因还可能包括不同区域对于某些问题的特别关注以及其所希望采取的监管模式。

（二）技术和市场的迅速发展对风险评估的挑战

尽管加密数字货币已经经过了一段时间的发展，并且现有的实践已经能够支撑各国以及各国际组织据此对风险进行分级分类，但在此领域，迅速迭代的技术方案以及交易模式仍然会对分级分类标准的构建造成挑战。这种挑战较为明显地体现在两个方面。

其一，监管目的落空。服务于监管是对风险进行分类分级的主要目标之一，例如借此确定监管部门的权责分工，以及设置一定的监管规则。但是新技术可能会使得加密数字货币的匿名性进一步加强，以至于无法识别可能的交易主体以及交易客体，造成事实上无法监管。在没有标准化的加密数字货币识别机制的前提下，技术进步可能引发相关风险事件证据收集与归责上的困难。

其二，风险分类分级出现空缺。随着市场的扩大与创新，在加密数字货币交易中会不断涌现新型交易模式与参与主体，以及新的交易客体。面对这种变化，传统的做法是采取"穿透式"监管以使技术创新适应已有的监管框架。但是在加密数字货币领域，这一模式可能不再完全适用，一些新的交易模式需要专门制定对应的应对策略，但是由于法律的滞后性，风险分级分类规则的变化难以完全匹配市场发展程度，因此可能需要通过对监管机构的适当授权以平衡这一问题。

技术和市场的迅速发展也有着有利的一面，监管机构也有机会采用新的方法，来充分利用加密数字货币行业固有的数据丰富特性。新的监管方法和技术应用可以帮助实现创新和风险的平衡，并使资源分配效率最大化。通过使用数据和技术工具，如区块链分析，能够提高监管框架的有效性。

（三）缺乏跨国合作

加密数字货币领域的诸多风险都是全球性的风险，其影响跨越国界。对抗这些全球风险需要私营部门的承诺和国际社会的合作与协调。各国需要合作以避免给非法金融、网络欺诈或洗钱以及恐怖主义融资这些危及全球金融体系稳定的活动留下任何操作可能。加密数字货币固有的跨境性质，以及该领域国际标准的全球执行不均衡，使得国际合作成为有效监管的关键组成部分。各国监管者拥有必要的法定权力和国际合作渠道，但实际使用这些权力和渠道的方法和路径仍然需要改进。

但是，在现有的加密数字货币风险的分级分类体系并未体现这一点。以旅行规则为例，作为金融行动特别工作组的一项具有约束力的义务，大多数国家并未有效执行。许多国家质疑，它们能否合理地将旅行规则适用于加密数字货币供应商，除非有技术性的解决方案可以使合规负担变得不那么繁重。一些国家还担心，如果这些技术解决方案不被普遍接受或不能相互操作，遵守旅行规则将仍然是一种负担。

此外，国际合作往往局限于经济、政治合作密切的地区，在全球范围内甚至存在借此相互指责以及相互破坏的情形。加密数字货币和市场的跨境性质要求有一套强有力的政策建议，以支持一致和协调的监管行动。就此问题，可以借助国际组织首先引导各国在能够达成一致的领域实现合作，解决市场诚信和投资者保护等优先领域，进而弥合消除在其他领域的矛盾以及它们对金融稳定的影响。

第二章 加密数字货币风险分析与智慧治理需求

加密数字货币的风险来源复杂多样，本章将逐一探讨不同方面的风险，通过研究典型案例，总结各个方面的风险点，并针对不同的风险点从智慧治理的视角提出相应的预警或防范策略。

加密数字货币主要风险角度与风险点分别为：市场风险（市场操纵风险、市场流动性风险）、投资者风险（投资者欺诈风险、投资者保护风险）、金融稳定风险（金融体系稳定风险、跨境资金流动风险、非法金融活动风险）、业务运营风险（交易所和钱包的运营风险）、技术安全风险（共识机制风险、智能合约漏洞风险、应用层技术安全风险）、内容安全风险（恶意节点与恶意消息、重复交易与不良信息、其他内容安全风险），如表 2-1 所示。

表 2-1 加密数字货币的风险分类

风险角度	风险点
市场风险	市场操纵风险
	市场流动性风险
投资者风险	投资者欺诈风险
	投资者保护风险
金融稳定风险	金融体系稳定风险
	跨境资金流动风险
	非法金融活动风险

续表

风险角度	风险点
业务运营风险	交易所和钱包的运营风险
技术安全风险	共识机制风险
	智能合约漏洞风险
	应用层技术安全风险
内容安全风险	恶意节点与恶意消息
	重复交易与不良信息
	其他内容安全风险

第一节　市场风险

随着加密数字货币通过各式各样的交易所形成了二级市场，市场风险也自然随之伴生，主要表现为市场操纵风险和市场流动性风险。

一、市场操纵风险

市场操纵风险是指恶意主体通过一系列手段操纵数字加密数字货币市场，以获得利益或破坏市场秩序。这类行为不仅损害了加密数字货币市场的公正性和透明性，也侵害了参与者的合法利益，削弱了投资者继续参与市场的信心。

（一）市场操纵手段

市场操纵手段包括但不限于虚假宣传、价格操纵和交易量操纵等。

1.虚假宣传

虚假宣传是一种常见的市场操纵手段。恶意主体通过发布虚假信息或夸大加密数字货币的价值，来引导投资者进行交易。这种行为不仅会误导投资者的决策，还可能导致市场价格波动。

一个典型的虚假宣传案例是 2017 年比特币的分叉事件。一些加密数字货币交易所和社区不实地宣称比特币即将分叉，诞生新的货币"比特币黄金"，并宣扬这将推升比特币价格。他们还声称比特币持有者将等额获得"比特币黄金"，预测这种新的加密数字货币将拥有更高的价值。这些不准确的信息误导了众多投资者，引发了比特币价格的剧烈波动，并扰乱了市场秩序。

2. 价格操纵

价格操纵是指恶意主体通过在市场上大量交易，人为影响数字加密数字货币的价格。例如，恶意主体可以通过集中买入或卖出创造虚假的市场供求关系，从而引导市场价格的波动。这种行为会损害市场的公正性和透明性，也会让投资者面临风险。

2017 年，芝加哥商品交易所（CME）和芝加哥期权交易所（CBOE）相继推出了比特币期货交易。在期货交易推出之前，一些恶意主体故意制造了比特币价格上涨的趋势，然后在期货交易开始前卖出大量比特币，导致比特币价格暴跌。大量投资者受到价格操纵的影响遭受了巨额的财产损失，这也间接导致比特币交易市场的可信度降低。

3. 交易量操纵

交易量操纵是指恶意主体通过虚构或夸大交易量来创造虚假的市场需求，从而引导市场价格的波动。这种行为会使投资者误判市场的真实情况，增加投资风险。

交易量操纵中最常使用的是洗劫交易（wash trading）。洗劫交易是指恶意主体自行买卖同一种加密数字货币，以模拟真实的交易行为，从而夸大交易量，扰乱市场秩序，引发市场价格的波动。2018 年，一些加密数字货币交易所曾被曝出存在大量洗劫交易行为，这种虚假交易行为引起了市场价格的波动，也导致投资者遭受重大损失。

（二）影响因素

市场操纵风险是加密数字货币市场中的一种重要风险，导致市场操纵风险出现的因素包括市场规模较小、监管缺失和匿名性等。

1.市场规模较小

相较于传统的证券市场，加密数字货币市场的规模较小，这意味着交易集中度更高，价格的波动性更大。市场中占据较高份额的交易者（例如操纵者或机构投资者）更容易影响市场价格，从而操纵市场。此外，价格的高波动性可能会导致投资者恐慌性买卖，从而被恶意主体通过操纵价格加以利用来达到自己的利益目的。同时，较小的市场规模也使得加密数字货币市场的市场深度（市场中买卖双方所能承受的价格波动范围）较低，这意味着即使是小额交易也可能对市场价格产生较大的影响。在这种情况下，操纵者可以利用较小的交易额操纵市场价格，从而达到其目的。

2.监管缺失

加密数字货币市场相对较新，加密数字货币市场的监管机构相对较少，监管制度不够健全，监管措施也相对不够严格。监管机构很难对恶意主体进行有效的打击。缺乏对操纵行为的惩罚，恶意主体很可能将这视为一个持续从事市场操纵的契机，侵害投资者的利益。此外，由于加密数字货币市场的全球性特点，监管机构需要在跨国范围内进行合作，以打击市场操纵行为。然而，在实际操作中，跨国监管合作存在信息共享、法律适用等问题，实践效果不佳。这导致市场操纵者可能在国际层面逃避监管，从而增加了市场操纵的风险。

3.匿名性

加密数字货币的交易是匿名的，恶意主体可以利用这一特点来进行虚假交易和交易量操纵等行为。这种匿名性也使得监管机构很难追溯交易的真实性，从而难以发现市场操纵行为，以至于加剧了市场操纵风险。

除此之外，引起市场操纵风险的因素还有很多，比如加密数字货币市场的信息不对称，流动性较低等，甚至加密数字货币市场参与者本身的投资知识储备不足也会引起市场操纵风险。

（三）防范措施

1.监管政策

作为有效监管市场操纵风险的基础，监管机构应该立法明确加密数字货币市场中的市场操纵行为的非法性，制定严格的监管政策和法规完善加密数字货币市场的监管体制。同时，监管机构要抓实监管政策全面落地，做到加强市场监测和监察，及时发现并制止市场操纵行为，严厉打击和惩罚违法者。

2.技术手段

加密数字货币交易所应该采用相比于恶意主体更加先进的技术手段，如基于区块链的数据采集技术、人工智能等，加强对加密数字货币市场交易的监管和管理。同时，加密数字货币交易所可以通过引入或者研发新的技术手段，如交易风险控制系统、智能监测系统等，来防范市场操纵行为的发生。

3.项目方自律

由于加密数字货币的市场动向发展迅速，项目方自律是不可或缺的重要应对手段。加密数字货币项目方应该加强自律，自觉遵守市场规则和准则，制定严格的交易规则和准则，防止市场操纵行为的发生。同时，加密数字货币项目方也要主动维护加密数字货币市场的公正性和透明度，及时发现和制止市场操纵行为。

二、市场流动性风险

市场流动性风险是指在加密数字货币市场中，由于市场交易规模、市场参与者数量、市场信息传播等因素的影响，加密数字货币的交易价格和交易量受到限制的风险。市场流动性是指加密数字货币市场上的交易量和交易速度，越高的市场流动性通常意味着更高的交易效率和更少的交易费用。

（一）市场流动性风险类型

市场流动性风险主要有以下三种类型。

1. 交易深度不足

交易深度是指加密数字货币市场上的卖出或买入订单所能够匹配的最大数量。某些小市值加密数字货币市场由于交易深度不足，更容易受到操纵。例如，恶意主体可以通过短时间内集中买入或卖出某种小市值加密数字货币，进而迅速推高或压低其价格，导致加密数字货币市场价格的剧烈波动，使得投资者面临较高的交易风险，此类事件称为"抬轿子"或"砸盘"。2017 年年底，在短短几天的时间里，比特币价格从近 20000 美元迅速下跌至 13000 美元，导致部分投资者在短时间内损失巨大。

2. 买卖价差过大

买卖价差是指加密数字货币市场上的买入价和卖出价之间的差距。加密数字货币市场上的买卖价差过大，意味着市场上的买卖订单无法匹配，交易量和交易价格会受到限制，从而增加投资者的交易成本和风险。2017 年 8 月，比特币现金（BCH）从比特币（BTC）中硬分叉而来。由于市场对这一新兴加密数字货币的认识和接受程度不一，导致其买卖价差在一些交易所出现过大的现象。这使得投资者在交易过程中承担了较高的交易成本和风险，难以获得公平的市场价格。

3. 交易对不足

交易对是指数字加密数字货币市场上可以直接交易的类型对。当新的加密数字货币项目发布时，由于其知名度较低，部分交易所可能不会立即上线该货币的交易对。投资者需要通过其他加密数字货币进行间接交易，从而增加了交易成本和风险。例如，某新兴项目在大部分交易所只支持与比特币或以太币的交易对，投资者若想将该项目与其他加密数字货币进行交易，需要先将其兑换为比特币或以太币，再进行二次兑换。同时一些被认为具有非法性质的加密数字货币，如匿名性很强的门罗币（XMR）和大雾币（DASH），可能会受到交易所交易对上线的限制。部分交易所可能出于合规考虑，拒绝上线与门罗币的交易对，导致投资者在交易门罗币时面临交易对不足的问题，需要承担更高的交易成本。

（二）影响因素

市场流动性风险受到多种因素的影响，其中交易所集中度、交易量波动性和投资者结构是三个重要的影响因素。

1. 交易所集中度

交易所集中度是指加密数字货币市场中，少数几家加密数字货币交易所所占的市场份额较大，而其他交易所所占份额较小的程度。当市场中只有少数几家交易所控制着大部分的加密数字货币交易量时，市场流动性的波动可能会增加，交易深度可能会降低，而买卖价差可能会增加，带来一定的市场流动性风险。此外，如果市场中只有几家交易所，那么这些交易所的故障或操作失误可能会对整个市场产生重大影响，导致市场流动性出现异常波动。

2. 交易量波动性

交易量波动性是指加密数字货币市场中，交易量的波动程度。当市场交易量波动较大时，买卖价差可能会增加，市场流动性可能会受到限制。交易量波动性可能受到多种因素的影响，如市场情绪、政策变化、市场资金流动等。

3.投资者结构

投资者结构是指加密数字货币市场中，不同类型的投资者所占的比例和持仓结构。当加密数字货币市场中存在大量的机构投资者和大户投资者时，市场流动性可能会更加稳定，交易深度可能会增加，买卖价差可能会减少；反之，如果加密数字货币市场中存在大量的散户投资者，那么这些散户投资者的交易行为可能会对市场造成一定程度的干扰，导致市场流动性波动。

（三）防范措施

为了防范市场流动性风险，加密数字货币市场需要采取一系列的措施，如提高交易所竞争、增加市场参与者、优化交易机制等。

提高交易所竞争是指增加加密数字货币交易所的数量和交易所之间的竞争，提高市场的流动性。加密数字货币市场可以通过竞争性的佣金和优惠政策鼓励新的加密数字货币交易所进入市场，加强交易所之间的竞争。

增加市场参与者是指吸引更多的投资者进入加密数字货币市场，提高市场的流动性。加密数字货币市场可以采取多种措施来吸引投资者，如提供更多的加密数字货币交易对、提高交易深度、缩小买卖价差、提高交易所的安全性和稳定性等。

优化交易机制是指改进加密数字货币交易的流程和算法，提高市场的流动性。加密数字货币市场可以采取多种措施来优化交易机制，如提供更好的交易流程和交易工具、改进交易算法、提高交易所的系统稳定性和安全性等。

这些措施可以有效地提高加密数字货币市场的流动性和公正性，降低投资者的交易成本和风险。加密数字货币市场应该不断改进和完善，为投资者提供更好的投资体验和更高的交易效率。

第二节　投资者风险

加密数字货币事实上广泛被视作投资对象，投资者风险因而成为典型的加密数字货币风险之一，主要分为投资者欺诈风险和投资者保护风险。加密数字货币的投资者风险主要由两方面产生，分别是投资者预期与市场价格波动。

首先是投资者预期，例如各类加密数字货币在价格表现上差异巨大，在某些特定的时间节点与阶段，投资者会倾向于认为某类加密数字货币的价值会大涨，从而被巨大的预期收益蒙蔽了双眼，忽视了潜在的投资风险。很多诈骗团伙会利用投资者的侥幸心理，借用加密数字货币的各类优势，对暗藏的骗局进行精心包装，通过话术引诱投资者相信宣传中的预期收益，从而给投资者带来巨大的损失。

其次，加密数字货币市场的价格波动也会为投资者带来不同程度的风险。导致加密数字货币价格波动的因素有很多，包括但不限于以下几点：市场情绪以外的变化、政策法规的变化、技术创新、媒体报道、投资者情绪等。不同加密数字货币依赖不同的复杂算法，且一些种类的加密数字货币为避免通胀，产生数量有限，容易受到上文提到的流动性与市场操纵问题的影响，在短时间内给投资者造成巨大损失。

相比传统的股票投资市场，加密数字货币市场采用"T+0"交易方式，且没有涨停跌停的规定，因此其短期性也吸引来更多的投资者，但是加密数字货币对投资者的保护存在缺失。有时即使是一条社交媒体信息也可能对市场的情绪造成巨大波动，尽管积极的情绪会在短期内带来正向的巨额收益，但加密数字货币一旦热度衰退或失去竞争优势，进入"死亡螺旋"，负反馈的效果就会持续产生，使得很多投资者的资产在短时间内化为泡沫。

因此，当投资者预期过高忽视固有风险时，诈骗行为很可能趁虚而入；投资者对市场风险产生错误判断或者遭遇某类突发事件时，加密数字货币市场有限的保护措施，也很难为投资者挽回损失。

一、投资者欺诈风险

加密数字货币市场存在一些欺诈现象，如虚假首次代币发行（ICO）或空气币（scam coin），一些加密数字货币交易平台可能会存在内部欺诈、黑客攻击和数据泄露等风险，投资者需要注意风险并采取相应的风险管理措施。

（一）虚假首次代币发行或空气币

虚假首次代币发行是指欺诈者利用首次代币发行的方式，宣称自己正在开展一项创新性的项目，并向公众发行加密数字货币，吸引大量投资者投资，但实际上该项目并不存在，或者实际开发进度远远不如宣传所述，最终导致投资者亏损。空气币指的是名义上存在，但实际上没有任何价值或实际用途的加密数字货币。空气币通过虚假宣传和炒作来吸引投资者购买，不能提供任何投资价值，因而是一种彻头彻尾的骗局。

这类骗局通常由个人或组织发起，宣布推出一种新型加密数字货币，在形式上可能类似于比特币或以太币等主流加密数字货币，但声称在技术上更为先进，拥有更多优势。然而在大多数情况下，这些声称具有前沿技术的加密数字货币实际上并没有任何价值或实际用途，它们只是存储于某个人或组织电脑上的一纸空文或代码。

投资者通常会被告知这些加密数字货币的价值将会随着时间的推移而不断增长，在高收益的期望下入局。但是，这些加密数字货币实际上无法在开放市场上进行交易，也没有任何实际用途，因此，最终它们的价值通常会归零。诈骗者会在投资者购买空气币时获得大量的资金，而投资者却会蒙受严重的经济损失。

案例：阿努比斯去中心化自治组织（以下简称"阿努比斯项目"）

阿努比斯项目是一个注册于2022年10月的去中心化金融项目，计划提供一种由"一篮子资产"支持的去中心化、价格自由浮动的支付工具。该项目社交媒体账号最初在2022年10月28日发布了第一条动态，内容为迪斯科德社群（Discord）邀请链接。在接下来的两天里，该账号发文共计10条，其中一条动态提及，该项目性质与柴犬币（SHIB）一样，都是模因（MEME）赛道的项目。而与该项目有关的地址（AnubisDAO.eth）也是一天前临时注册的。另外，该项目并没有官网、产品，也没有白皮书等有关项目长期介绍的内容。种种迹象表明，阿努比斯项目只是一个蹭热点的山寨项目。

10月28日，阿努比斯项目正式在库帕拍卖平台（CopperLaunch）上进行代币公募。数据显示，项目方通过砸盘抽取流动性，共计获得13556以太币（ETH），公募尚未结束时流动性已经为零，最终阿努比斯项目跑路。据悉，未知的实体从该项目的流动性池中窃取了价值超过6000万美元的加密数字货币，如图2-1所示。

公开发行　　　　　　　**撤资**　　　　　　　**暴雷**

通过CopperLaunch平台进行了一次公平发行（fair launch），吸引了许多投资者参与

从流动性池中撤走了所有的以太币，并转移到了另一个地址

投资者无法追回损失，也无法联系到项目方

宣传造势　　　　　　　**跑路**

- 声称自己是OlympusDAO的一个分支
- 使用其他加密数字货币为自己的代币提供储备
- 通过债券销售和流动性挖矿来增加代币的价值

关闭了官方网页和社交媒体账号

图2-1 阿努比斯项目事件梳理

（二）庞氏骗局

庞氏骗局是一种以获得高额回报或利润吸引投资者的投资骗局，常常给受骗的投资者带来巨额损失。随着加密数字货币市场的不断发展，以加密数字货币投资为名的庞氏骗局也在迅速增长。

这种骗局的基本手法是，持续向投资者宣传高收益并邀请加入，宣传虚假信息进行炒作，以吸引更多的投资者参与，并鼓励他们邀请其他人也加入。这样一来，骗子就通过参与人数扩大了庞氏骗局的规模。在达到一定规模之后，骗子通常会跑路或者伪装成交易所崩溃等借口"假死"，将投资者的资金卷走。为了让投资者更容易被骗，庞氏骗局还会设置各种障眼法，如虚假的定时锁仓、等级制度等。

庞氏骗局的基本手段是："高收益 + 邀请加入 + 虚假宣传造势"。这些骗局通常会提供一个高利率的回报或缩短回报周期，以吸引用户将加密数字货币存入该系统。而后，诈骗者会让用户邀请更多的人加入并招募他们，从中赚取更多的佣金。最终，诈骗者会把资金从资金池中全部撤离，留下无数愤怒的投资者。

案例：Plus Token[①]

Plus Token 是一个经典的庞氏骗局。该骗局通过承诺高额回报来吸引投资者加入，并通过建立类似 Plus Token 钱包和交易所的产品来吸引更多的投资。然而，Plus Token 的实际运营方式是利用新投资者的资金来支付早期投资者的回报，并试图使该骗局变得越来越大，直到最终崩溃。

2018 年 5 月，一款号称由前谷歌员工和某跨国公司员工联手打造而

---

① 刘洁：《Plus Token 传销案诈骗 400 亿：对不起，我们跑路了》，2021 年 4 月 9 日，见 https://news.cctv.com/2021/04/09/ARTISnSGEG1wmxOVFxOCTyaG210409.shtml。

成的虚拟币钱包 Plus Token 在网络上悄然出现，打着区块链技术的幌子，Plus Token 以高回报为诱饵，在短短一年多的时间里席卷了全球 100 多个国家和地区，参与人数达 200 多万人，涉及金额 400 亿元人民币。然而，直到 2020 年 3 月 20 日，这些参与者才发现他们的身份并不是区块链技术的投资者，而是特大跨国网络传销案的受害者。

1. 高收益

Plus Token 在白皮书中介绍中宣称，投资者存入 100 万元，复利一年就能赚到 700 万元。开启了"智能搬砖"模式，除保本以及 Plus 币升值产生的收益外还能获得 8%—30% 的月收益，发展下线还能获得高额的提成，用户直接发展一名下线奖励 100% 收益提成，从第二代到第十代各奖励 10% 的收益提成。

据公开信息，Plus Token 钱包以推出的搬砖狗应用为噱头吸引用户，宣传称，平台通过在多个交易所利用价差高卖低买获利。由于交易所需要交易费，该模式盈利能力成疑。当 Plus Token 用户钱包拥有价值 500 美元以上的代币时，可多获得 10%—30% 的额外收益，28 天内提币扣 5% 手续费，28 天后为 1%。用户通过场外交易所将法币兑换为加密数字货币，开启搬砖狗应用后，那么充币进 Plus Token 钱包地址，提币时可转出至交易所。

2. 邀请加入

Plus Token 平台下设技术组、市场推广组、客服组、拨币组，分别负责技术运维、宣传推广、咨询答复和审核提币等工作。参与人员通过上线推荐并缴纳价值 500 美元以上的加密数字货币作为"门槛费"后即可获得会员资格，会员按缴纳的数字货币价值获得平台自创的 Plus 币，并按照加入顺序形成上下线和层级关系。平台根据发展下线数量和投入资金数量，将成员分为会员、大户、大咖、大神、创世五个等级，并按等级高低发放相应数量的 Plus 币作为奖励和返利。

111

3. 虚假宣传造势

据 Plus Token 宣传资料显示，Plus Token 号称为全球第一款区块链生态应用，系集多币种跨链钱包、去中心化交易平台、全球支付、智能套利、算力挖矿、区块链、产业链于一体的生态系统，力争能满足所有用户在区块链领域的所有需求与价值。

为了吸引更多人员参与，该犯罪团伙利用互联网大肆宣扬平台加入方式、运行模式、奖金制度、盈利前景等内容，雇佣外籍人员冒充平台创始人以包装伪造其所谓的国际平台、国外项目背景，通过不定期组织会议、演唱会、旅游等线下活动为平台宣传造势，甚至不惜花费重金多次在境外召开千人规模的推广大会。

二、投资者保护风险

由于加密数字货币市场的监管尚不完善，投资者的资产保护存在一定的风险。一些加密数字货币平台可能存在不透明、不规范的交易机制，交易数据可能被篡改，投资者的交易资产也可能面临丢失、被盗等风险。因此，加密数字货币平台应当采取足够的安全性措施来保障用户的财产安全，同时完善信息披露机制，以保障投资者的基本权益。投资者也应该选择合规的加密数字货币交易平台进行交易，并采取必要的资产保护措施，如使用多重签名钱包和定期备份私钥等。

案例 1：币检（Coincheck）[①]

币检交易所是日本最大的加密数字货币交易所之一。2018 年 1 月 26 日，币检遭受了大规模黑客攻击，造成 5.23 亿新经币（new economy

---

[①] Darryn Pollock, "Story of Coincheck: How to Rebound After the 'Biggest Theft in the History of the World'", 2018 年 4 月 3 日，见 https://cointelegraph.com/news/story-of-coincheck-how-to-rebound-after-the-biggest-theft-in-the-history-of-the-world。

movement，NEM）代币损失，总价值约 5.34 亿美元。币检交易所在黑客事件发生前曾被日本金融厅警告，但未能采取有效的防备措施。

币检交易所遭到黑客攻击的原因是其资金被存储在一个简单的热钱包中，而不是更加安全的多重签名钱包（multisig wallet）。尽管币检交易所的代表明确表示，他们使用各类钱包类型来安置不同的资产，如将比特币和以太币存储在冷钱包中，比特币还有一个多重签名地址来保障财产安全。但币检交易所对新经币缺乏多重保护则显示这样的管理方式并不能保障所有用户的财产安全。

币检交易所在此次黑客攻击中存在信息不对称风险，币检交易所未能及时公开其安全机制，导致用户无法及时采取措施保护自己的资产。此外，币检交易所本身没能及时处理安全漏洞，使得黑客有机可乘，也是防范措施不足的失职表现，是对投资者极不负责任的表现。

一般情况下，如果加密数字货币交易所的服务器被黑客攻击，黑客通常能够轻松访问热钱包。因此，业内大多数交易所只把一小部分资金存放在热钱包内，其他存放在冷钱包中，即将私钥保存在不连接到互联网的存储介质中。例如，美国的货币基地交易所（Coinbase）就一直对外宣称，将客户 98％ 的加密数字货币用 U 盘和文件备份形式存储在安全的冷钱包里，只有 2％ 保存在网络上，并且针对安全漏洞购买了相应的保险。

案例 2：夸德里加交易所（QuadrigaCX）[①]

夸德里加交易所是一家加拿大的加密数字货币交易所，由杰拉德·科顿（Gerald Cotten）和迈克尔·帕特林（Michael Patryn）于 2013 年创立。它曾经是加拿大最大的加密数字货币交易所，但在 2019 年宣布破产，因为创始人之一的科顿在印度去世后，无法找到他管理的私钥，导致价值

---

① Katie Rees, "QuadrigaCX: How One Man Stole Over $200 Million in Crypto", 2022 年 4 月 8 日，见 https://www.makeuseof.com/quadrigacx-200-million-crypto-theft/。

超过 2.15 亿美元的加密数字货币无法被访问。加拿大证券委员会（OSC）在 2020 年发布了一份报告，指出科顿实施了一场欺诈，他用客户的资金进行了个人交易，甚至创造了虚假账户。这是一起令人震惊的加密数字货币丑闻，牵涉了数千名受害者。

根据加拿大证券委员会的报告，科顿用客户的资金进行了个人交易，包括在其他交易所购买加密数字货币，以及用加密数字货币购买豪宅、豪车和旅行。他创造了虚假的账户，用来在夸德里加交易所交易加密数字货币，从而人为地推高价格，然后用客户的资金进行套现。科顿没有保留任何交易记录或财务报告，也没有任何内部的控制或监督，他在去世前，将大量的加密数字货币转移到他自己控制的钱包，而不是客户的钱包。并且科顿的死亡没有得到充分的证实，有些人怀疑他可能还活着，或者是伪造了死亡证明，一切只是挪用与占用投资者资金的幌子。

第三节　金融稳定风险

加密数字货币二级市场的活跃导致加密数字货币高度金融化，并与传统金融市场发生连接，风险传导效应催生了金融稳定风险，具体表现为金融体系稳定风险、跨境资金流动风险、非法金融活动风险等。

一、金融体系稳定风险

加密数字货币对国家金融安全可能会构成负面影响。首先，加密数字货币削弱了国家的金融主权和管控能力，因为部分加密数字货币不受央行和商业银行的管辖，可以绕过资本管制，威胁政府的调控能力和金融安全。其次，加密数字货币增加了金融监管风险，持有者可以利用现有监管机制的漏洞进行跨国资金转移，导致金融风险加剧。加密数字货币的快速发展和种类繁多也给监管部门带来了巨大挑战，使得监管变得更加困难。

私营加密数字货币交易的匿名性和不可回溯性导致安全责任不明确。如《中国数字人民币的研发进展白皮书》所指出，"加密货币多被用于投机，存在威胁金融安全和社会稳定的潜在风险，并成为洗钱等非法经济活动的支付工具"。各方无须承担交易可能带来的后果责任，难以监管和取证，助长了洗钱等犯罪活动。私营加密数字货币多被用于投机，并可能威胁金融安全和社会稳定，成为非法经济活动的支付工具。许多加密数字货币不接受政府监管，也不承诺维持币值稳定，缺乏责任机制，当引发金融风险时，缺少责任承担主体。

（一）加密数字货币炒作风险——比特币泡沫

加密数字货币的波动性和缺乏监管可能会对金融系统的稳定性造成影响。当前区块链市场仍处于初期阶段，存在不稳定性，导致加密数字货币价格波动较大。同时，由于区块链市场的特殊性，受政策影响比较大，政策变化会影响市场行情，也会造成加密数字货币价格的波动。此外，市场上的投机行为也会影响加密数字货币的价格波动，投资者可能会因为短期利润而进行大幅度买卖，导致价格波动较大。投资者难以预测市场行情，会导致资产价值大幅波动，带来较高的投资风险。

作为一种加密数字货币和金融资产，比特币因其历史相对较久、总量有限、优秀的算法原理等拥有一直遥遥领先其他加密数字货币的高单价，但同时也有极其剧烈的价格波动。比特币在 2009 年刚诞生时价格约为 0.003 美元，而在同年年底，价格涨幅达到 100 倍。在 2013 年年底，比特币价格首次突破了 1000 美元的关口，创下历史新高，但随后价格迅速下跌，跌破 200 美元。在接下来的几年里，比特币价格波动较大，但整体上呈现上涨趋势。到 2017 年年底，比特币价格突破了历史最高价，达到了约 2 万美元的高点，这也被认为是比特币价格史上的一个里程碑。然而，2018 年年初，比特币价格开始下跌，随后价格波动较大，最低点跌至 3500 美元左右。2020 年年底至 2021 年，比特币价格再度上涨，并在 2021 年 3 月、10 月至 11 月两次冲上 6 万美元，但随后经历大幅下跌，最大跌幅达 70%。2023 年至 2024 年比特币价格再次进入上行周期，上涨突破 10 万美元大关。

案例分析：比特币价格泡沫

目前学界普遍认为，比特币作为一种虚拟金融资产，其内在价值难以估算，市场交易由于投机行为出现了明显的价格泡沫。有学者认为比特币以营利为目的的私人信用难以抵御投机诱惑，这使得比特币沦为庞氏骗局和投机泡沫的对象。[①] 也有学者从不同国家、不同交易平台两个角度对比特币价格进行偏理性判断，发现都存在长期的显著性价格偏离，证明了比特币泡沫的存在。[②] 还有学者建立包含正反馈效应的理论模型表明，正反馈作用可以导致资产价格的超指数增长而产生价格泡沫，比特币价格的快速上涨可能正是由于这一因素引起的。[③] 还有学者结合正态分布检验和 sup ADF 检验等多种方法，从价格背离性和爆炸性的角度对比特币价格泡沫进行检验，为比特币存在价格泡沫提供了实证证据。[④]

比特币价格泡沫可能会产生一系列的不利影响。对投资者而言，泡沫导致投资风险增大，投资者可能会受到较大的损失。泡沫可能导致加密数字货币市场收缩，市场信心与稳定性受影响。许多加密数字货币公司和项

---

① 李秀辉：《货币形态转变的机制与趋势——从交子与比特币的比较说起》，《社会科学战线》2016 年第 12 期。

② 刘泰涵：《浅析比特币价格泡沫证据、原因与启示》，《全国流通经济》2017 年第 34 期。

③ Andreas Hüsler, et al., "Super-exponential Bubbles in Lab Experiments: Evidence for Anchoring Over-optimistic Expectations on Price", *Journal of Economic Behavior & Organization*, Vol.92, August 2013, pp.304–316.

④ 邓伟：《比特币价格泡沫：证据、原因与启示》，《上海财经大学学报》2017 年第 2 期。

目的生存依赖于高估价值的加密数字货币，泡沫破裂可能会导致这些公司和项目的破产或关闭，阻碍区块链技术发展，优质项目难以获得融资。此外，泡沫可能导致市场失衡和社会不稳定，促使政府加强对加密数字货币市场的监管，并采取措施限制加密数字货币的使用和交易。

比特币泡沫产生具有多重原因：

（1）比特币作为一种互联网金融产品，投机因素是比特币价格泡沫产生的主要原因。比特币在多国可以合法交易，交易方式便捷，可以跨境交易和 24 小时不间断交易且没有涨跌停限制。比特币的金融资产属性以及其潜在价值的不确定性，使其具有极强的流动性和吸引力，成为投机者的首选。

（2）监管缺失是导致比特币价格泡沫持续膨胀的重要原因。在比特币交易早期，各国政府对其持开放宽容态度，没有及时采取适当的限制措施，导致监管存在临时性的空白，放任比特币价格泡沫的膨胀。

（3）比特币价格泡沫长期存在的重要原因之一是过度夸大其优点和可能的市场操控。尽管一些专家早在 2013 年就指出比特币缺乏内在价值支撑，但在严厉的政策监管下，泡沫并未迅速破灭，反而保持着较高水平。近年来，比特币市场价格再次大幅上涨，并被称为"最坚强的金融泡沫"。

（二）加密数字货币首次代币发行（ICO）风险

首次代币发行是指发行人开发一种新类型的加密数字货币，向公众公开发行并募集既有类型加密数字货币的交易模式。少数炒作者把首次代币发行看成是获得超级暴利的工具而过度疯狂炒作，不仅冲击了社会价值基础，也给金融体系及金融市场带来巨大金融风险。

1.首次代币发行给予投资者的加密数字货币的经济内涵不清楚

首次代币发行所发行的加密数字货币可能有多种不同的用途，包括但不限于交易媒介、资产负债表中的权益凭证以及获取商品或服务的凭证等。很多加密数字货币具有多重内涵，这使得对它们进行估值变得困难。更重要的是，许多首次代币发行并没有在其发行文件中充分披露和揭示所发行加密数字货币的用途和经济内涵，而是迅速推动加密数字货币进入二级市场开始炒作交易，导致相应交易缺乏价值基础。

2. 首次代币发行后的投机炒作问题

首次代币发行后，所发行的加密数字货币可以迅速进入二级市场交易。但很多加密数字货币价格被炒作到远高于基本面的水平，一些加密数字货币甚至在首次代币发行之前的预售阶段就开始炒作了。首次代币发行项目处于早期阶段，风险非常高，很难确保投资者适当性，且有一些项目实际上向不特定多数的社会公众开放，可能涉嫌未经批准就向公众发行证券。

3. 首次代币发行扭曲了区块链创业团队的激励机制

加密数字货币的二级市场给区块链创业团队提供了快速变现的渠道，使得他们拥有了比传统风险投资更快的回报，但同时也可能扭曲了激励机制，快速变现机制可能会导致加密数字货币持有者缺乏长期激励，无法与创业团队保持一致。

4. 加剧比特币、以太币泡沫

首次代币发行项目募集的既有类型加密数字货币一般是比特币、以太币等，增加了对比特币、以太币等的需求，推高它们的价格。同时，比特币、以太币等的价格往往成为首次代币发行所发行加密数字货币的估值基准，形成了一个相互加强的正反馈机制。但一旦比特币、以太币等的价格进入下跌通道，这个正反馈机制也会使首次代币发行所发行的加密数字货币的价格加速下跌。

二、跨境资金流动风险

加密数字货币具有去中心化与匿名性，使其具有跨境支付的优势，但也使其可能被用于洗钱或非法资金流动，从而引发跨境资金流动的风险。

1. 去中心化

加密数字货币具有去中心化的特点，即不需要银行或第三方金融机构参与，交易主体以加密数字货币为媒介，在密码学提供背书的情况下通过区块链实现安全交易，可以节省高昂的手续费，提高交易效率，保障价值转移的安全性。同时，加密数字货币的去中心化特点也意味着可以实现跨境支付时无须兑换外币，可以在短时间内确认交易。

2. 匿名性

加密数字货币提供了匿名交易环境，只须生成私钥与公钥匹配，无须认证身份。交易信息仅包含地址与次数，保护隐私。然而，这也使得监管困难，犯罪分子可利用匿名性洗钱、转移资金，增加监管难度。去中心化和匿名性使得跨境反洗钱监管更具挑战性，缺乏监管机构合作、标准统一，且反洗钱协议组织存在人员、资金问题。

三、非法金融活动风险

加密数字货币作为一种去中心化、全球性的金融工具，其匿名性和不受监管的特点使得它们在非法金融活动中被广泛应用，加密数字货币还被用于暗网、犯罪、毒品交易和贩卖黑客工具等非法活动，如 2020 年暗网黑市上的交易主要使用比特币和其他加密数字货币进行支付。

（一）加密数字货币赌博

随着互联网的快速发展，网络赌博行业的规模不断扩大。为了逃避执法部门的监管和打击，一些不法分子开始采用交易匿名性和去中心化特性强的加密数字货币以及区块链技术作为支付结算工具和赌博投注对象，如图 2-2 所示。

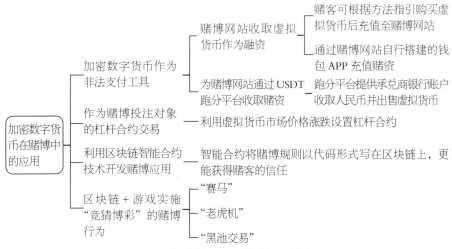

图2-2　加密数字货币在赌博中的应用

加密数字货币赌博具有监管难度较大、更受赌客青睐、打击侦办难度更大的特点。首先，网络赌博采用加密数字货币作为赌资或提现方式，更难被监管。可直接在钱包内操作完成，比传统赌博更快捷。其次，通过智能合约开设的网络赌场相比传统的网络赌博平台更加公开透明，更具公平性和可信赖性，因此受赌客青睐。区块链技术的应用也给打击网络赌博带来了挑战，无论是作为支付工具还是赌博规则的智能合约，都增加了侦查识别难度，需要办案人员具备相应的技术和知识储备。

（二）加密数字货币传销

加密数字货币传销是利用加密数字货币进行网络欺诈活动的变种传销形式。它通过高额返利吸引参与者，以发展下线或缴纳费用为基础，从中获取非法利益，如表2-2和图2-3所示。相较于传统传销，其具有更大的隐蔽性和不可追溯性，扰乱了市场秩序，增加了执法部门的追查难度，给受害者带来更大的财产损失。

表 2-2 加密数字货币常见传销类型

	直接型加密数字货币传销	间接型加密数字货币传销
定义	参与者通过他人介绍并且缴纳费用之后，获得一定的加密数字货币，根据持有的加密数字货币数量和时间获得一定的利益	通过购买中间服务或物品，以转化成加密数字货币收益
特点	以收益高且快为诱饵，吸引参与者投资并且发展下线是侦查实践中最常见的加密数字货币传销犯罪行为	"矿机"为常见中介物。参与者注册会员并且缴纳费用之后，获得相应的"矿机"，"矿机"的大小不同，每天产生的加密数字货币数量不同，参与者根据"矿机"产生的加密数字货币数量获取静态利益，发展下线购买"矿机"获得动态利益

成立组织	组建服务器设立网站界面	宣传	吸纳资金设立资金池
注册成立合法公司，借助合法身份掩盖非法行为	在网站将其包装成具有国家认证的发行虚拟货币资格的公司	利用微信、论坛等网络社交工具，结合线下开会宣讲等方式宣传虚拟货币的价值，激发参与者欲望	利用高额返利，引诱参与者加入组织并发展下线，不断扩大规模维持组织运转

图 2-3 加密数字货币传销步骤

2019 年的相关行业报告就指出，加密数字货币传销已成为网络传销主流类型之一，本章第二节介绍过的 Plus Token 是最典型的案例。Plus Token 的运营模式是一个经典的庞氏骗局，通过承诺高额回报来吸引投资者加入，用了非常典型的"拉人头"形式，并以新投资者的资金支付早期投资者的回报，试图无限扩大规模直至崩溃。

加密数字货币传销犯罪空间多元化，宣传内容夸张，涉及内外盘操纵，传播快速，资金流动复杂，头目通常设立多个公司和账户，给监管打击带来了巨大的挑战。

（三）加密数字货币诈骗

在加密数字货币领域中，杀猪盘类和投资理财类诈骗案件众多，这些案件常常以各种形式出现。加密数字货币诈骗与传统诈骗方式类似，均采用发送短信、打电话或进行网上聊天等方式与受害人建立信任关系，进而欺骗受害人的财产。此类诈骗案件往往伴随着高额回报的承诺，通过高压销售手段引诱受害人投资，但最终目的是骗取受害人的钱财。加密数字货币诈骗类型如表2-3所示。

表2-3　加密数字货币诈骗类型

诈骗类型	定义	举例	特点
投资类诈骗	以诱导投资骗取用户加密数字货币和钱财的诈骗	发行山寨币/空气币诈骗、ICO诈骗、传销币诈骗、资金盘诈骗、存币生息诈骗、带投诈骗、老师带单炒币诈骗、虚假搬砖套利诈骗	通过社交平台、社群寻找目标人群；通过股票投资公开课等方式获取信任；与用户建立了一定信任基础后通过高额回报、"高大上"概念的项目包装、带单操作引导用户参与虚假的投资；骗取用户资金后跑路
交易类诈骗	发生在交易过程中的诈骗	场外交易诈骗虚假交易平台诈骗	线上买卖币违约，线下抢劫币自建山寨交易平台，通过高额回报、虚假涨幅诱导用户购买真实有价值的加密数字货币去投资、交易平台币，而这些平台币实则毫无价值，而且平台涨跌数据都在后台人为控制
交友类诈骗	与受害人建立信任关系，进而欺骗财产	杀猪盘	经过精心策划和包装，在社交软件、相亲网站、线下聚会寻找"猎物"，进行情感渗透；随后诱导"猎物"投资所谓的加密数字货币项目，一旦完成诈骗，就卷钱跑路

续表

诈骗类型	定义	举例	特点
冒充类诈骗	假冒他人身份以实施诈骗	冒充官方工作人员、公检法人员、名人、家人朋友、官方平台	
钓鱼诈骗	通过发送钓鱼链接、钓鱼网站，诱导用户点击，盗取用户账户信息和资产	领空投	以"免费"为噱头，让用户误以为可以"薅羊毛"，当点击空投链接后，可能就会被盗取个人私钥，进而盗取加密数字货币

（四）加密数字货币洗钱、非法集资与暗网

犯罪分子还将加密数字货币用于洗钱、非法集资与暗网犯罪。

第一，加密数字货币的洗钱风险加剧。国内乃至国际的犯罪团伙利用其匿名性躲避金融机构审查，通过可跨境的双向兑换性实现快速的资金转移，比特币更是被称为"理想的洗钱工具"。根据从非法地址发送到服务托管地址的加密数字货币数量统计，网络犯罪分子在 2021 年清洗了价值86 亿美元的加密数字货币。目前国内外对加密数字货币交易持不同的态度，监管力度也大不相同，使得犯罪分子有漏洞可钻。

除去利用基本加密数字货币的洗钱交易外，洗钱的形式也趋于多样化与复杂化。2021—2022 年的数据显示，作为更广泛的加密数字货币生态系统中最活跃的领域之一，去中心化金融协议在洗钱方面的使用率增长最快，达到了惊人的接近 20 倍，同时挖矿洗钱等方式涉及金额也都有所增长。

不同复杂程度的网络罪犯也可能将资金分散在更多的存款地址进行洗钱，从链路分析的总体结果来看，2021 年的洗钱活动仍然较为集中，涉及金额超过百万美元的占总金额的一半，而涉及的服务存款地址集中在500 余个，如图 2-4 所示，但相较于 2020 年的 270 个地址有所增加。

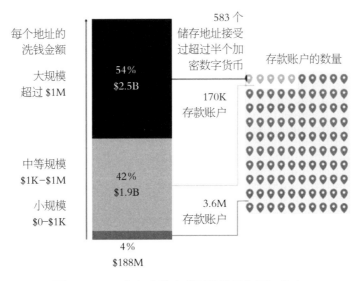

图 2-4　2021 年加密数字货币洗钱行为更加集中

第二，非法集资与资助非法组织。相比传统的资金筹集方式，这种集资方式的流通性与灵活性更强，不仅面向试图破坏国家安全的恶意组织，还可能包装成不同形式的投资项目，对各国投资者的合法资产造成威胁；同时由于其存在匿名性，也会使幕后指使者提供非法活动资金的行为更为猖獗，存在相应势力短时间内快速扩张的可能性。

第三，暗网市场。暗网被认为是由深网延续的一部分特殊加密子集，是指利用多级加密网络提供的匿名通信构建的网络平台，其加密性和匿名性特征决定了它不被互联网标准搜索引擎收录、查询，并能保护所有通信用户的互联网协议地址（Internet Protocol Address，简称"IP 地址"）、通信内容、通信过程免受监视和流量分析。当前所发现的暗网虽只占互联网的 0.1%，但由于暗网为用户提供的匿名、匿踪保护，使其成为网络犯罪人在数字信息世界中的"避风港"，暗网中充满了创建者和使用者故意隐藏的内容，存在大量的非法和反社会信息。

加密数字货币与暗网、滚动窗口技术（Tumble）结合使用具有高度匿名性。比特币交易虽不要求买家和卖家透露真实身份，但所有客户之间的比特币交易记录保留在区块链中。交易发生后，其他人虽不知道付款人和收款人的身份，但能够看到交易轨迹。为了进一步提高安全性和匿名性，一些暗网站点如"丝绸之路"利用滚动窗口技术来处理比特币交易。作为一种混币协议，当买家在暗网付款时，站点使用一个中心化的智能加密滚动窗口（Tumbler）创建离线支付通道，所有参与者将会向其发送比特币并获得等量比特币的回报，形成若干虚假交易轨迹，从而模糊买家与卖家的比特币地址之间的联系，无法确定谁跟谁在进行交易。在比特币钱包管理和交易的过程中，如果将区块链与洋葱路由（the onion router，Tor）等代理技术叠加使用，就可以帮助用户通过点对点网络进行匿名电子交易而查询不到单笔的交易记录，从而实现暗网个人交易层面的高度匿名性。

在英国曼彻斯特发生的一起实际案例中，毒品贩卖团伙与经纪人合作，使用比特币进行洗钱。经销商出售毒品获取现金，快递员将现金送回犯罪组织，经纪人将其转换为比特币，并支付4%的费用。比特币网络被用作资金转移系统，洗钱资金最终通过加密数字货币交易所的场外交易服务进行清洗，如图2-5所示。曼彻斯特警方在截获快递员后发现此行动，警方利用数字法医分析加密数字货币联系，成功破获案件。这表明了对于所有刑事调查人员，理解加密数字货币和区块链分析的重要性。

图2-5　贩毒行为中的钱款流向

第四节 业务运营风险

加密数字货币的行业生态以交易所和钱包等中介平台为核心，中介平台的业务运营对用户的利益有着决定性的影响，从而产生了相应的业务运营风险。

一、钱包管理和私钥保护风险

曾称"最大多链钱包"的比特钱包（BitKeep）于 2018 年上线，是集钱包、交易、银行、支付与数据五大功能于一体的钱包软件。比特钱包曾频频被曝盗币事件。钱包安全性问题成为区块链平台重要安全风险问题。

钱包为私钥与公钥结合，对钱包的攻击是攻击者控制个人加密数字货币的单点故障点或称攻击载体，其安全风险问题颇为重要。数字钱包通过分散方式对加密数字货币进行存储、发送与接收，根据联网状态分为热钱包与冷钱包。2018 年 5 月发布的《数字货币钱包安全白皮书》显示，目前市场主流加密数字货币钱包中超过 80％存在安全隐患。

目前，软件钱包、硬件钱包、托管钱包与门限钱包四类主流钱包相继出现，在技术层面逐步完善。[①] 最先被广泛使用的线上软件钱包，直接与区块链网络连接，安全性较低，且用户可能因个人私钥管理不当而导致资产丢失；硬件钱包在离线状态产生私钥，一定程度上解决了软件钱包的线上安全性问题，但每次使用需要进行烦琐的连接过程，便携性较差；托管钱包将私钥交予第三方管理，有效防止因个人私钥保管不当而导致的资产丢失情况发生，但第三方管理思想与区块链去中心化的思想有所违背，故

---

① 张中霞、王明文：《区块链钱包方案研究综述》，《计算机工程与应用》2020 年第 6 期。

其发展受到其中心化特性的一定限制；门限钱包将私钥进行分割处理，签名必须由超过门限阈值的一组计算机授权，其门限特性能很大程度上解决前三类缺陷，是钱包安全性进一步发展的主流方向，但其通信耗费较大。

当交易所热钱包存储资金较多时，常易成为黑客攻击目标，黑客可能通过不同方式进行攻击：

（1）恶意链接钓鱼收集用户信息。通过投放恶意链接，收集点击用户的登陆凭据与相关信息。

（2）数据库被攻击导致私钥泄密。私钥是加密数字货币钱包的核心组件，若私钥丢失，对加密数字货币的控制权限也随之丢失。交易所数据库中存放其热钱包私钥，黑客通过对数据库攻击获取私钥并盗取资金。

（3）信息技术系统（IT 系统）漏洞问题。交易所自身系统存在一定漏洞，黑客通过对漏洞攻击获得交易所网络控制，并直接通过信息技术系统完成攻击。

（4）内鬼攻击。内鬼在离开交易所后通过在职期间留下的后门进行资金转移盗取资金。

此类风险问题较为常见，加密乐园（Cryptopia）、满币（CoinBene）、币宝（BitPoint）、币安（Binance）等交易所都曾被黑客从热钱包盗取资金。

应对此类风险，交易所首先应分散资金存储以提高其存储安全性。还应建立体系化的权限管理与存储防御策略，对钱包设置严格权限，规范化整体安全策略。另外，注意私钥安全，避免直接将私钥明文、编码或稍加加密后直接在数据库中存储。

二、高级长期威胁（APT）

高级长期威胁（Advanced Persistent Threat，APT）指长期而隐匿的电脑入侵，包含高级、长期与威胁三个代表性要素。高级，指使用复杂精密技术进行恶意破坏或攻击漏洞；长期，指外部攻击者常对目标受害者进行长期监视和进行攻击策划，并在过程中逐步获取相关数据；威胁，指攻击者通过人为特定策划对目标受害者进行较为精确的攻击，故常造成较为严重的后果。典型事件如 2019 年 5 月币安交易所被盗 7000 多比特币。

应对高级长期威胁需要交易所进行全面防范。从交易所的订单处理、资金管理、冷热钱包管理、衍生产品运营等各个方面入手，进行及时的第三方安全渗透测试。交易所应保证内部工作人员的技能水平和安全性，严格把控外部电子邮件与链接。跟踪黑客团队动态，标准化平台安全操作流程，及时进行服务器细节加固。

三、内鬼攻击（insider attack）

内鬼攻击（insider attack）即交易所内部相关工作人员利用内部身份和对交易所本身数据与信息控制权的掌握，针对内部安全漏洞发起攻击，或在离开交易所后利用相关信息资源发起攻击。币广场（Coinsquare）、币汇（Bithumb）、币变（ShapeShift）交易所都曾发生过此类风险事件。

对此类攻击，首先要求交易所建立专业团队，并对全体成员进行定期安全培训，建立严格考核机制。对于较高权限成员，将信息进行集中管理监控，标准化安全流程和应急处理流程。①

四、隐私数据泄露风险

交易所是加密数字货币流通交易的主要场所，存储了用户个人信息、

---

① CSA GCR：《数字货币交易所 Top 10 安全风险》，2021 年 1 月 4 日，见 https://www.c-csa.cn/about/news-detail/i-289.html。

交易信息等大量隐私信息，存在隐私数据泄露、数据攻击等安全风险。数字签名、哈希函数等密码学工具在保护区块链数据隐私的同时，其固有的碰撞攻击、后门攻击等安全问题给区块链数据隐私带来一定风险，可能发生数据隐私窃取。[①]

区块链技术的应用能够降低隐私信息泄露的风险，且应用程度越高，隐私信息泄露的概率就越低。但区块链技术的应用只能减少隐私信息泄露的可能而不能完全避免隐私泄露，即区块链应用程度为 100％时，隐私信息也会有泄露的概率。这与数据层中的数据被盗风险一脉相承。用户节点可通过数据混淆、数据加密、隐蔽传输等方式进行防御。

第五节　技术安全风险

技术安全风险是指加密数字货币所运用的底层技术本身可能存在安全问题，如共识机制、智能合约存在漏洞等。这些问题使得加密数字货币存在一定的技术安全风险，即在加密数字货币实现流通、交易的技术层面，可能出现漏洞造成加密数字货币的安全不能够被保证，降低加密数字货币交易过程的安全性。

加密数字货币被不断追捧正是由于大部分用户对其技术层面技术的信任，技术安全如果得不到保证，加密数字货币的流行度将大打折扣，所以如何识别技术风险，对风险行为给予监督，并施以防范措施，对加密数字货币的运行至关重要。

---

① 田国华等：《区块链系统攻击与防御技术研究进展》，《软件学报》2021 年第 5 期。

一、共识机制风险

在技术安全方面，对共识机制的攻击是区块链系统面临的重要风险之一。在授权的共识机制中，各节点对共识过程的影响相同，易遭受"女巫攻击"，即指一个用户或用户群体假装成许多用户，非法地对外呈现多个身份信息，获取大量其他节点信息以实施破坏。而在非授权共识机制中，各对等节点利用自身所持资源（如算力、权益）竞争记账权从而达成共识，易遭受51%攻击。攻击者可能处于利益目的，通过贿赂攻击、币龄累计攻击等方式非法获取大量资源，从而发起51%攻击，实现加密数字货币双花、历史修复、期货卖空、自私挖矿等目的。此外，攻击者还可以通过无利害关系攻击、与计算攻击等方式影响全网共识进程，实现获利。

在现实中曾发生过多起51%攻击导致的双花，比如比特币黄金（BitcoinGold，BTG币）发生的双花问题就属于51%攻击。除此之外，匿名数字货币verge曾在短短几小时内恶意挖掘了超过3500万个边缘加密数字货币（XVG币），价值约175万美元；日本加密数字货币萌奈币（monacoin）在一名矿工获得高达57%的网络算力后明显遭到扣块攻击；经典以太币（ETC）连续发现9余次双花攻击，共涉及88500经典以太币，价值约46万美元；莱特币现金（LCC）、禅币（ZEN）都曾遭受过51%攻击。

从共识机制类型角度出发，不同的共识机制有不同的特点与相应的防范措施。对工作量证明（PoW）共识机制来说，其大量算力要求在一定程度上阻止贿赂攻击和女巫攻击的发生，亦对51%攻击提出了苛刻的算力供给条件。在工作量证明的新生成链中改动地址生成过程中的哈希函数，可以防止原有的大型工作量证明链上矿工发动51%攻击。对于权益证明（PoS）共识机制来说，引入保证金和惩罚措施组成的保证金机制可以在一定程度上解决短距离攻击问题，如目前以太坊拟采用卡斯珀协议（Casper 协议）抵御攻击。另外，通过限制持币时间对挖矿难度的降低作用可以限制币龄累计攻击的发生。针对冷启动问题，目前大多区块链采用在发展初期使用工作量证明共识机制，中期采用"工作量证明 + 权益证明"共识机制结合，最后采用纯工作量证明共识机制以应对冷启动问题。对委托权益证明（DPoS）机制来说，其本身对短距离攻击与预计算攻击有较强防范作用。①

二、智能合约漏洞风险

合约层面临的安全威胁可以分为智能合约漏洞和合约虚拟机漏洞。智能合约漏洞通常是由开发者的不规范编程或攻击者恶意漏洞植入导致的，而合约虚拟机漏洞则是由不合理的代码应用和设计导致的。②

从实例角度出发，智能合约漏洞有以下几种常见类型。

（1）重入漏洞。2016 年针对去中心化自治组织合约（DAO 合约）的攻击导致超过 3600000 以太币的损失。攻击源于去中心化自治组织的一个关键合约引入了重入漏洞。这次攻击之后的以太坊硬分叉导致了以太坊社区的分裂。

（2）整数溢出漏洞。整数溢出漏洞可能造成使程序偏离设计意图、实现加密数字货币无限量增发、绕过权限控制或余额校验、完成某些虚假操作等严重后果。例如，2019 年 4 月 22 日，黑客攻击了美链（BEC）的代币合约，通过一个整数溢出安全漏洞，将大量美链砸向交易所，导致"美链"的价格几乎归零。2018 年 4 月 25 日，智能媒体代币（smart media

---

① 王李笑阳等：《区块链共识机制发展与安全性》，《中兴通讯技术》2018 年第 6 期。

② 田国华等：《区块链系统攻击与防御技术研究进展》，《软件学报》2021 年第 5 期。

tokens，SMT）爆出类似的整数溢出漏洞，黑客通过漏洞制造和抛售了天文数字规模的代币，导致智能媒体代币价格崩盘。

（3）合约库安全问题。2017年11月6日，多重签名钱包（Parity）漏洞导致了超过513701以太币被锁死，至今关于以太坊是否需要通过硬分叉方式升级（EIP999）争论还在继续。

（4）复杂去中心化金融（Defi）协议组合安全问题。2020年2月15日、2月18日，去中心化金融项目bZx借贷协议遭遇两次攻击，先后损失35万美元和64万美元。两次攻击手法复杂且不完全相同，利用新型借贷产品"闪电贷"将攻击成本降至最低并扩大攻击收益，同时又与价格预言机、杠杆交易、借贷、价格操纵、抢先交易紧密关联，充分利用了多个去中心化金融产品间的可组合性来达到攻击目的。

（5）非标准接口问题。以最被广泛接受的智能合约代币标准——以太坊代币标准20号（ERC-20）为例，很多加密数字货币合约未参照ERC-20实现，这给去中心化应用程序（DAPP）开发带来很大的困扰。数以千计的已部署加密数字货币合约曾经参考了以太坊官网以及智能合约安全库（OpenZeppelin）给出的不规范模版代码，多个函数实现没有遵循ERC-20规范，导致Solidity编译器升级至0.4.22后出现严重的兼容性问题，无法正常转账。

（6）管理员权限过高或较中心化问题。2018年7月10日，加密数字货币交易平台班科（Bancor）称遭到攻击，丢失了折合金额为1250万美元的以太币，1000万美元的班科（Bancor）代币和100万美元的普迪币（Pundi X）代币。此次被盗事件与转换代币合约（BancorConverter）有关，攻击者极有可能获取了合约管理员账户的私钥，对转换代币合约拥有极高权限。主权人（owner）作为该合约的所有者和管理员，有唯一的权限通过代币提取方法（withdraw tokens方法）提走合约中的全部ERC-20代币至任意地址。事件发生后不少人质疑班科项目智能合约中主权人的超级权限，甚至称之为"后门"。

（7）业务逻辑与区块链共识产生冲突。曾经红极一时的类 Fomo3D[①]游戏，就曾因随机数预测攻击和阻塞交易攻击丧失了游戏公平性，沦为黑客淘金的重灾地。类 Fomo3D 游戏的空投机制利用随机数来控制中奖概率，但是由于随机数的来源都是区块或者交易中特定的一些公开参数，如交易发起者地址、区块时间戳、区块难度等，因此在以太坊上可以很容易地预测所谓的随机数。而阻塞交易攻击是黑客通过高额手续费吸引矿工优先打包，并利用合约自动判断游戏进行状态，以此作为是否采取攻击的依据。

基本的合约漏洞问题需要开发人员以严谨的编程逻辑避免。针对智能合约的时间戳依赖性，在合约开发过程中应采用多维参数输入、随机参数输入等，避免合约执行结果完全依赖于时间戳，降低合约执行结果的可预测性。针对智能合约的调用深度限制，应在智能合约中预先设置预警惩罚机制。当合约调用次数接近上限时，智能合约调用预警合约对用户发出提醒，若用户继续调用合约最终导致合约运行失败，则预警合约调用惩罚合约对最后调用合约的用户进行惩罚。针对重入漏洞，应在合约开发过程中设置参数检验机制。当智能合约 A 调用智能合约 B 时，应对 B 返回的参数进行确认，再继续执行。参数检验机制可以阻止攻击者通过在 B 植入漏洞发起重入攻击，也可以阻止攻击者实施误操作异常攻击。

另外，从用户角度出发，可以建立安全评估系统，在正式部署智能合约前进行安全测试或白盒审计以评估安全性。也可采用塞雷姆（Sereum）、宙斯（ZEUS）等重入攻击防护工具。

---

① Fomo3D 是一款部署在以太坊网络上的去中心化应用程序游戏。

三、应用层技术安全风险

应用层是区块链技术的应用载体，为各种业务场景提供解决方案。在挖矿场景中，攻击者可能通过漏洞植入、网络渗透、地址篡改等方式攻击矿机系统从而非法获利，且可能有矿工利用挖矿机制的漏洞，通过算力伪造攻击、扣块攻击、丢弃攻击等方式获得利益。在区块链交易场景中，攻击者可能利用撞库攻击、零日漏洞（0-day）、应用程序编程接口（API 接口）供给等方式非法获取交易平台中用户的隐私信息，也可能通过钓鱼攻击、木马劫持攻击等方式获取用户账户的隐私和资产。

第六节　内容安全风险

内容安全风险是指加密数字货币系统、应用或协议在传输和处理加密数字货币时遭遇的恶意信息或行为，可能导致数据篡改、资产损失、用户受害或威胁等危险。这包括恶意节点、消息、重复交易、不良信息等问题，严重影响加密数字货币的安全性，因此需要识别和防范。

一、恶意节点与恶意消息

加密数字货币安全性在很大程度上依赖于网络节点的诚实性和交易消息的真实性。恶意节点是指恶意参与者在网络中冒充合法节点，进行虚假信息广播、双花等攻击。恶意消息则如虚假交易信息、垃圾信息等，这些信息可能会引起交易混乱、用户资产损失等问题。

恶意节点可以被定义为试图操纵交易记录或传输恶意信息的节点。这些节点可能会控制一个以上的账户来进行传播虚假信息等行为，从而引起加密数字货币系统的混乱和不稳定性。此外，恶意节点还有可能试图伪造交易，使得系统误认为其通过交易贡献了算力，从而这些恶意节点能够获取到虚假收益。这样，一旦恶意节点控制了足够数量的计算机，就可能导致网络遭受分裂攻击，并因此对加密数字货币的交易环境产生巨大的不利影响。

相比恶意节点而言，恶意消息是一种更具体的内容风险类型。由于区块链本身的特殊结构，交易消息通常是通过节点互相传递的。这也就意味着消息可以被篡改、窃取或是干扰。例如，如果数据内容被恶意用户通过系统漏洞人为地修改，那么就可能导致交易的无效或双重花费，因而损害系统内容安全。此外，入侵者也可以发起拒绝服务（DoS）攻击，目的是让网络系统过载从而瘫痪。

二、重复交易与不良信息

重复交易是指同一笔交易在区块链中被多次确认，可能导致加密数字货币重复花费；不良信息则包括信息与所存储数据格式不同、数据包含隐私等，这些信息可能会威胁用户隐私安全和造成加密数字货币系统故障，也是需要被重视的内容风险。

重复交易在很大程度上受系统所运行的网络影响，一条交易可能在区块链网络中被多次确认或发送，重复交易会导致区块链算力资源的浪费。这一行为将会在很大程度上损害交易方的财产安全，并且在交易的上链与广播过程中，系统的费用成本将变高。这一内容风险会影响加密数字货币市场公平性，提高加密数字货币交易成本。

不良信息则是可能由系统漏洞所导致，并不是指由恶意用户所恶意发布的信息。不良信息包括像数据格式错误、数据信息冗余、数据泄露隐私等问题。这些信息并不遵从区块链中交易信息的数据规范，使得其在存储与溯源时均会出现问题。

加密数字货币的重复交易与不良信息对内容安全的影响主要体现在以下几个方面：

（1）资产安全：重复交易可能导致同一笔交易在区块链中被多次确认，导致资产重复花费，影响用户资产安全。

（2）交易隐私：不良信息的数据内容可能包含敏感信息，例如交易双方的身份、交易金额等，导致交易隐私泄露，从而引发用户安全和隐私问题。

（3）运行稳定：不良信息可能会影响矿工或者节点的行为，从而影响整个区块链网络的运行稳定。例如，冗余信息、误导性信息等不良信息可能会影响节点的行为，导致区块链网络中的算力分布不均，影响最终上链的结果，从而引发安全问题。

（4）应用功能：不良信息也可能会影响加密数字货币系统的交易等功能的运行稳定性，从而引发危害用户权益的行为。去中心化的应用可能会因为代码注入等攻击而停止运行，从而给用户带来损失。

三、其他内容安全风险

除了恶意节点与恶意消息、重复交易与不良信息外，仍有一些其他内容安全风险需要被考虑在内，例如智能合约漏洞、去中心化金融协议漏洞、代码注入等攻击，使交易内容被改写或新增，从而导致用户的资产丢失、账户资金被骗等问题。另外，交易隐私泄露、去中心化程度不足等也会对内容安全带来影响，最终影响到加密数字货币交易的安全可靠性。

第七节　加密数字货币智慧治理需求分析

加密数字货币具有去中心化等技术特征，从而催生了上述一系列风险。这些风险根植于加密数字货币和分布式账本的技术架构，难以运用传统方法来应对，需要引入智慧治理予以解决。

一、加密数字货币风险需要智慧治理

智慧治理（Smart Governance）是一种综合性的社会治理模式。它运用先进的技术手段，如 AIoT 设备、云计算、大数据分析等，全面感知社会动态，汇聚并分析全量数据，进而生成面向治理决策的知识和服务体系。这种治理模式旨在打造高效、精准、服务于人的社会治理环境。智慧治理通过运用先进的技术和管理理念，旨在提高治理效率、增强决策科学性、优化公共服务、促进社会和谐发展。

加密数字货币具有去中心化、匿名性、透明性、全球性、不可篡改等特点，这些独有的特点为加密数字货币带来了巨大的金融价值、实用价值与社会认可度，使加密数字货币成为炙手可热的投资、流通新工具。

但是，加密数字货币的这些特点也衍生出了相应的挑战。由于去中心化的特性，监管机构难以对加密数字货币进行有效的监管，极易衍生出触及法律红线的问题。许多不法分子也会利用加密数字货币的匿名性来进行洗钱、恐怖融资等损害国家利益、不利社会稳定的行为。依靠加密数字货币透明性的特点，交易记录、账户地址等信息可以被任何人查看，这就使得在交易系统中，节点账户存在被攻击的风险，而这将会使得加密数字货币系统稳定性被颠覆。加密数字货币的全球性虽然帮助跨境交易能够更高效、精准完成，但这也在很大程度上给我国带来了资金外流的风险，极有可能成为国外不法分子扰乱我国金融市场环境的一大利器。不可篡改是由于加密数字货币底层是由区块链所构建，加密数字货币所产生的交易信息都将被区块链永远存储。但若交易信息被利用，发送恶意、虚假信息至交易记录中，也将被永远记录在区块链上。加密数字货币的属性与优势、风险挑战的对应关系具体如表 2-4 所示。

表 2-4　加密数字货币优势与风险挑战对应关系表

属性	优势	风险挑战
去中心化	避免数据丢失、降低交易成本	不法行为难以被监管
匿名性	保护用户隐私、提高交易效率	不法账户难以被定位
透明性	所有交易可追溯、可验证	账户节点易被攻击
全球性	支持全球交易、提高跨境交易效率	资金外流、跨境洗钱
不可篡改	保证信息真实、历史记录可查	恶意、虚假、敏感信息上链

加密数字货币如同一把双刃剑，优势与风险挑战并存。各国政府正在逐步加强对加密数字货币的监管，但是传统的金融监管手段难以有效应对加密数字货币带来的风险和挑战。对此，需要借助智慧治理理念，从加密数字货币的技术背景切入，着手于风险挑战的底层形成逻辑，精准定位风险点，分析透彻风险成因。针对不同类型、不同成因的风险挑战，分析监管需求，制定专有智慧治理策略，研究设计穿透多层级、协同多技术的加密数字货币监管技术体系架构，以此来提高监管效率。

市场风险方面，由于市场规模、监管缺失和匿名性等因素影响，可能存在虚假宣传、价格操纵和交易量操纵等市场操纵手段，可通过监管政策、智慧治理、项目方自律等多方面合作进行联合防范；由于交易所集中度、交易量波动性和投资者结构等因素影响，可能产生交易深度不足、买卖价差过大、交易对不足等市场流动性问题，需要通过提高交易所竞争、增加市场参与者与优化交易机制等方法进行解决。智慧治理能够通过大数据分析和预测模型，实时监测市场动态，为投资者和监管机构提供准确的市场趋势和风险评估，有助于稳定市场预期和减少盲目投资。

投资者风险方面，风险点主要产生于投资者预期和市场风险的矛盾。投资者欺诈风险主要包括虚假首次代币发行或空气币与庞氏骗局，二者都在宣传中可以契合投资者的高收益预期，诱导投资者漠视市场风险，并辅以其他不同手段骗取投资者的资产；投资者保护风险主要产生于加密数字货币平台交易机制的透明性与规范性不足，从外部黑客攻击与内部暗箱交易两个方面对投资者财产造成威胁。这不仅需要交易所加强安全规范性措施防范黑客攻击，完善信息披露机制警惕内部交易，还需要投资者自身数理必要的风险防护意识，控制投资风险。在此基础上，智慧治理还可以建立投资者教育平台，提供个性化的投资建议和风险提示，帮助投资者提高风险意识和投资能力。

金融稳定风险方面，金融体系稳定风险中，加密数字货币可能对国家金融体系安全产生威胁，同时也存在炒作与首次代币发行风险；跨境资金流动风险中，去中心化和匿名性的特点可能被洗钱者利用；非法金融活动风险中，则存在加密数字货币赌博、传销、诈骗、洗钱、非法集资与暗网等诸多亟待整治的违法犯罪行为，这不仅需要警企配合等机制的完善，也在链路分析等专项技术领域对刑侦人员提出了新的考验。智慧治理能够监测数字货币市场与传统金融市场的联动效应，及时预警系统性风险，并为政策制定者提供数据支持，以维护金融稳定。反洗钱（AML）和反恐怖融资（CTF）需要把控置入、分流、整合的洗钱流程，解决客户了解缺失与治理分隔等问题，在平台交易端进行身份审查核对、建立风险隔离期政策、大额交易人工审核机制与增加链上监控功能。

业务运营风险方面，交易所运营存在高级长期威胁、内鬼攻击、隐私数据泄露等风险，需要交易所在服务器、安全流程、隐蔽传输等诸多方面进行加强；钱包管理和私钥保护存在钓鱼攻击、私钥泄露、系统漏洞等风险，目前针对私钥存储与管理技术都存在不同方向的技术改进。智慧治理通过制定行业标准和监管要求，加强对业务运营的规范和监督，确保服务提供商的合规运营和用户权益的保障。

技术安全风险方面，主要针对共识机制、智能合约、应用层技术等方面的漏洞，针对每个方面的漏洞又有多种不同的攻击方法，因此此类风险点需要对症下药，根据不同的攻击手段采取相应的具体防范措施。智慧治理推动技术创新和安全防护手段的提升，强化加密数字货币系统的安全性能，降低技术安全风险。

内容安全风险方面，主要包括恶意节点与恶意消息、重复交易与不良信息、其他内容安全风险等，每个风险都会对加密数字货币流通过程中的信息内容安全产生严重影响，需要通过对其精准识别并对风险进行防范。智慧治理结合大数据分析和人工智能技术，对加密数字货币交易进行实时监测和筛查，及时发现和打击非法活动，维护国家安全和社会稳定。

二、我国加密数字货币主要治理需求

我国对于加密数字货币的治理需求，可以从近十年来各部委针对"虚拟货币"等联合发行的政策文件中体现。除了遵循政策对监管提出的具体要求，还需要针对加密数字货币实际流通场景，基于智慧治理理念，实现跨层级、多维度且具有普适性的穿透式监管。

跨层级监管需求意味着监管机构需要能够全面监控加密数字货币的各个层级，如数据层、网络层、账户层、应用层等，以确保系统的安全和稳定。后续内容将对各层级的具体监管技术进行详细说明，并探讨实现这一监管模式的可能性。

同时，穿透式监管需求强调能够全面辨别正常与异常交易、节点、合约和应用，防止加密数字货币被用于非法活动。普适性监管要求监管机构考虑加密数字货币市场的不断发展和创新，并使相应的监管技术和策略适应这些变化，采取通用的监管措施。

（一）金融风险

加密数字货币最显著的特征即其具有金融属性，而金融属性也最容易使得加密数字货币在流通、兑换过程中产生风险。现代货币的产生基于人类社会的两大共识：一是货币具有价值储藏、交易媒介和计价单位三大基本职能；二是货币作为一种被社会普遍接受的价值转换工具，由中央银行或其他政府财政机构所向全世界作出信用担保。而加密数字货币缺少了第二部分的信用担保，这就使得加密数字货币的金融风险和监管难度增大。

针对金融风险场景，主要有以下两方面监管需求：

（1）全球流通：加密数字货币的去中心化特性使其无须经过国家或政府机构的批准和监管，可以在全球范围内自由流通和交易，增加了其价格波动的不确定性，也给投资者带来更高的风险。并且，加密数字货币脱离了中心化组织的监管，可以轻易实现跨境交易与资产转移，而各国针对加密数字货币的态度与政策有所不同，易滋生出犯罪行为，严重损害国家、人民的资产安全。

（2）诱发交易炒作：2021年中国人民银行联合其他9部委发布《关于进一步防范和处置虚拟货币交易炒作风险的通知》来应对虚拟货币交易炒作的市场走向。由此可见，诱发交易炒作是现如今备受重视的一类风险，抑制炒作交易是加密数字货币治理的重要需求之一。随着全球加密数字货币市值的持续增长，现如今仍有部分境外加密数字货币交易所通过各种途径向中国境内居民提供服务，并且在众多自媒体平台仍可以见到对加密数字货币的流量导向信息，加密数字货币的投机炒作活动仍没有得到根本性的遏制。交易炒作是发行人、交易所等用来套取个人投资者所持有资金的一种非法行为，通过对媒体的宣传、大额的转账能够影响投资者对市场的判断，从而炒作加密数字货币。

（二）资源浪费

除了加密数字货币的金融风险外，国家发展改革委对加密数字货币发行所引发"挖矿"行为也进行了声明与规范。"挖矿"活动是指通过专用"矿机"计算生产的加密数字货币过程，能源消耗和碳排放量极大。其中主要包含工作量证明共识机制引发电力资源浪费与容量证明共识机制（Proof of Capacity，PoC）引发存储资源浪费。

工作量证明共识机制引发电力资源浪费的典型例子是比特币。比特币首次使用工作量证明共识机制进行出块节点选举，随后大量加密数字货币系统都采用这一机制。工作量证明包括证明者和验证者两个角色，证明者向验证者出示证据，表明自己在某时间段内完成了一定数量的计算任务。[1] 但此类共识机制被人们所诟病为资源浪费太严重，工作量证明共识机制需要通过不断地计算哈希值来争夺出块权，这需要大量的计算资源和电力。与此相对，容量证明共识机制容易引发存储资源浪费。容量证明共识机制是一种通过普通硬盘挖矿的共识机制，简单来说就是利用计算机硬盘中的闲置空间来进行存储进而实现自动挖矿获取收益，硬盘空间越大、存储的内容越多获得的收益就越大，其更关注内存而不是处理能力。然而，除了容量证明共识机制会造成记账节点具有很强的确定性[2]以外，容量证明共识机制协议在"挖矿"中会占用巨大的硬盘资源，造成资源得不到充分利用，极大降低资源利用效率。

在监管过程中，需要针对容量证明机制协议与工作量证明共识机制协

---

① 夏清等：《区块链共识协议综述》，《软件学报》2021 年第 2 期。

② 何泾沙等：《基于贡献值和难度值的高可靠性区块链共识机制》，《计算机学报》2021 年第 1 期。

议制定监管策略，精准识别加密数字货币系统的共识机制，以此来对"挖矿"进行监管，从而避免资源的过度浪费。

（三）社会风险

加密数字货币极易成为违法犯罪分子的支付工具、交易手段，引发社会风险。

加密数字货币匿名性的特点可以完美隐去交易者的身份，存在滋生大规模网络化犯罪的风险，包括犯罪、毒品和恐怖交易等，加密数字货币在这些活动中可能被用作支付手段。仅以美国联邦调查局（FBI）在2013年6月关闭的"丝绸之路"暗网为例，其上的加密数字货币总成交量超过12亿美元（以当时的比特币价格计算）。[1] 这在极大程度上表现出比特币成为犯罪分子所青睐的交易方式，为许多犯罪行为进行了资金的流通周转。

由于加密数字货币的匿名性，在流通过程中难以识别交易的规模，使得加密数字货币交易的账户难以被聚类，难以确定账户集群，极易产生洗钱、非法集资等社会风险。

洗钱和恐怖主义融资风险也属于社会风险的重要内容。加密数字货币体系中服务提供商和用户均为匿名，使得不法分子易于掩盖其资金来源和走向，为洗钱、恐怖融资及逃避制裁提供了便利，非法资金通过加密数字货币体系实现跨国流动，给反洗钱与反恐怖融资带来了挑战。[2]

（四）内容风险

在加密数字货币的流通过程中，交易信息能够携带文本内容。这些被

---

[1] 杨燕青：《中国应推动虚拟货币的全球监管协同》，《第一财经日报》2017年9月11日。

[2] 兰立宏、庄海燕：《论虚拟货币反洗钱和反恐怖融资监管的策略》，《南方金融》2019年第7期。

携带的数据将与交易记录一同被记录到区块链上，此后将不能再被更改。加密数字货币的可追溯与不可篡改性使其拥有此特点，但该特点也会被不法分子利用来完成恶意消息、不良信息、敏感信息的上链。由于加密数字货币交易的透明性，所有用户均可以查看到相关的信息，这就导致这些不良信息可以被用户浏览。

此安全风险严重危害到我国的信息安全、舆论安全，因此中央网信办于 2019 年发布了用来规范区块链信息服务行为的管理规定，规定中阐明对信息内容需要做到有效审查，对发送出的信息需要做到可以追溯、可以管理。以此来降低内容风险事件发生的概率。但随着加密数字货币不断火热，需要实现对交易信息内容的自动化监管，离不开对信息的自动化识别与处理，需要通过机器学习等技术知识来保证信息处理的准确性，从而完成对敏感信息等的识别[1]，最终实现对内容风险的强效监管。

三、当前加密数字货币治理挑战

加密数字货币的风险类型多样，所需对策各不相同。为了建构统一的加密数字货币监管技术体系架构，需要将风险类型化，定位重难点问题，具体而言可以分为以下几个方面。

金融风险难量化体现在加密数字货币的流通过程中，由于交易的匿名性与全球性，难以对炒币行为、资金规模和资金流入流出情况进行量化分析；资源浪费难定位体现在"挖矿"行为需要结合电力数据等综合来确定相关节点位置，但由于技术手段的限制和信息不对称等问题难以精准定位；社会风险难厘清体现在对于洗钱、诈骗、钓鱼、赌博等违法行为因

---

① 李瀚、王冠楠：《网络新闻敏感信息识别与风险分级方法研究》，《情报理论与实践》2022 年第 4 期。

加密数字货币的匿名性难以确定身份；内容风险难应对体现在对于不法分子用于存储敏感内容，且这一违法行为难发现、难处置，导致内容风险难应对。

（一）金融风险难量化

随着加密数字货币的种类变多，加密数字货币彼此间可进行交易流通，金融领域的风险也变得日益复杂和难以量化。监管的技术挑战主要表现在以下几个方面：

首先，加密数字货币生态节点多种多样，难以大规模发现，使得监管机构很难摸清境内生态规模。由于加密数字货币的匿名性和去中心化特性，交易过程难以追踪和审查。这不仅使得交易过程存在欺诈等潜在风险，也使得监管机构难以制定有效的监管政策和措施来实现对异常交易的识别。

其次，交易规模的难以量化也导致金融风险难以评估。由于加密数字货币的交易是跨国界的，而且交易过程较为烦琐多维，准确统计交易规模变得非常困难。这不仅影响了对加密数字货币市场的整体把握，也使得一般的监管架构难以评估潜在的金融风险。同时，由于加密数字货币市场的波动性较大，受舆论影响较大，很容易发生炒作加密数字货币的现象，而交易所或发行人如何来哄抬价格、煽动舆论以进行炒币也是监管架构所需要针对性解决的难点。

为了解决这些技术难题，监管架构需要引入新型数据结构如知识图谱等，以此来构建新型加密数字货币关系，提高对加密数字货币市场的监管能力和风险防范能力。同时，也需要加强国际合作，共同应对加密数字货币带来的金融风险。[①]

---

① 董柞壮：《数字货币、金融安全与全球金融治理》，《外交评论（外交学院学报）》2022年第4期。

（二）资源浪费难定位

"挖矿"行为需要结合电力数据等综合定位相关节点位置，但由于技术手段的限制和信息不对称等问题，监管机构很难准确掌握"挖矿"行为的真实情况。这不仅导致资源的浪费，也增加了监管的难度和成本。为了解决此类问题，监管机构需要加强对"挖矿"行为的识别准确度，根据多维度数据定位加密数字货币的区块链共识协议特点，提高技术手段和信息获取能力。同时，也需要推动行业自律和规范发展，引导企业和个人合理使用资源，避免资源的浪费和滥用。

（三）社会风险难厘清

加密数字货币生态节点多样且难以大规模发现，导致境内生态规模难摸清，并且加密数字货币也在不断地进行跨境流通，这不仅增加了金融风险监管的难度，也增加了社会风险监管的难度。由于加密数字货币市场的匿名性和全球性特性，交易过程难以追踪和审查，交易集群难以被发现，这极易导致洗钱、诈骗等犯罪行为的发生。而此类犯罪活动却又不能被准确识别出来，无疑为监管架构的实施增加了难度。

（四）内容风险难应对

加密数字货币在交易时易被不法分子用于存储敏感内容，且这一违法行为难发现、难处置，导致社会风险、内容风险难应对。为了解决这个问题，监管架构需要加强对加密数字货币市场交易的监管力度，对携带信息的交易进行严格审查，使用准确率高的某一类或某几类机器学习模型对敏感信息进行自动化预测识别，以此加强对不良内容的监测和预警能力。此外，还需要提高公众的信息安全意识和素养，提高用户对不良内容的辨识能力和防范能力。

第三章　面向当前监管需求的加密
数字货币监管技术

　　加密数字货币监管正面临着金融风险难量化、资源浪费难定位、社会风险难厘清、内容风险难应对等技术挑战，需要运用智慧治理，构建加密数字货币跨层级穿透式协同监管体系才能解决这一系列问题。现有加密数字货币监管技术面向链、应用、节点、账户、地址这五类加密数字货币关联要素，技术范围涵盖数据层、网络层、账户层、应用层四个层级，用以完成链上实体发现、异常交易发现与追踪、节点发现与分类、网络拓扑分析、账户和链路监管、应用特征识别等多种任务。针对加密数字货币金融风险、资源浪费、社会风险、内容风险等复杂多样的监管需求，通过不同技术的融合互补与合理利用，可以实现对于每一个风险点都能从不同层级、不同维度实施高效监管，为构建加密数字货币跨层级穿透式协同监管体系夯实技术地基。

第一节　数据层监测技术

　　由于加密数字货币具有匿名性、跨境流通便利等特性，传统金融监管措施在区块链系统中的作用十分有限，与之相关的洗钱、混币、盗窃、诈骗、恐怖主义融资等国际犯罪活动频发，而这些活动又与加密数字货币的兑换、流通等交易流程息息相关。因此，有必要针对区块链实现智慧治理，从数据层出发，严格监控加密数字货币的交易信息。

作为区块链时代的产物，加密数字货币始终依赖区块链技术实现交易、转移、验证、加密等功能，其相关数据（如交易数据）也均由区块链进行记录。因此，加密数字货币的数据层监测，本质上是针对区块链的数据层进行监测与研究。

根据应用信息的不同承载方式，区块链数据层本身的关键技术可分为信息模型、关联验证结构和加密机制三类。[①]

信息模型主要描述链和节点记录信息的逻辑结构，按照加密数字货币的交易方式大致可分为以比特币为代表的未花费交易输出（Unspent Transaction Outputs，UTXO）模型和以以太币为代表的账户模型两种。[②]

关联验证结构代表了区块链上各个组成区块之间的绑定关系，由哈希（Hash）函数和梅克尔（Merkle）树支撑。每个区块包含有区块头部和交易信息两部分：交易信息以梅克尔树结构存储，树的根节点（即交易摘要）被记录在区块头部中，便于验证和查找；区块头部还记录着前驱区块的哈希值、时间戳、挖矿参数、填充字段等，通过前驱区块的哈希值和哈希指针技术实现区块之间的连接和绑定。[③]

加密机制是指区块链运用非对称加密、公私钥等密码学技术，既能保护用户的隐私，增强匿名性与安全性，又可以验证用户身份，还保证了交易的可追溯与不可篡改。

因此，加密数字货币的数据层监测应当依据区块本身的关联验证

①　曾诗钦等：《区块链技术研究综述：原理、进展与应用》，《通信学报》2020 年第 1 期。

②　未花费交易输出（UTXO）模型以比特币为主要案例，其交易不涉及直接的余额增减，而是通过某个地址所参与的所有交易的输入和输出总额来实时计算该地址的余额。基于账户的模型以以太币为主要案例，地址以账户的形式表现，同时关联有各自的状态信息，用于记录该地址的余额，或对应的合约内容等。

③　韩璇等：《区块链安全问题：研究现状与展望》，《自动化学报》2019 年第 1 期。

结构与加密机制，主要针对区块数据（包括头部数据和交易数据）进行监控与研究，并关注不同信息模型之间的差异。结合相关监管技术的研究现状[1]，加密数字货币数据层监测技术主要可分为链上实体发现与画像、异常交易发现和异常交易追踪三种。通过对区块数据（包括头部数据和交易数据）的分析，可以更加全面地了解加密数字货币交易网络，借助异常交易发现和异常交易追踪来完成反洗钱、违法交易检测等任务，借助链上实体发现与画像来实现用户去匿名化，捕捉犯罪活动参与者的身份，最大限度地识别和防范加密数字货币的市场风险、金融稳定风险。

一、链上实体发现与画像技术

由于区块链技术的匿名性，参与加密数字货币交易的链上地址通常不公开其在现实世界的身份信息。对于大多数加密数字货币而言，创建新地址的成本很小且流程简便，现实世界中的某一位用户可能会同时拥有数个地址，以增强其匿名性。然而，加密数字货币平台上的许多违法犯罪行为（例如洗钱）都与拥有大量地址的现实世界用户有关[2]，如何准确识别参与交易的用户，也即对至少拥有一个区块链地址的用户进行实体发现与画像描绘操作，是实现加密数字货币跨层级穿透式协同监管的重要一环。

基于此，链上实体发现与画像技术可以被转化为链上地址聚类技术，即通过分析交易模式、地址行为等并提取其中的特征，将拥有相似或完全

---

[1]　王佳鑫等：《加密数字货币监管技术研究综述》，《计算机应用》2023 年第 10 期。

[2]　Jiajing Wu, et al., "Analysis of Cryptocurrency Transactions from a Network Perspective: An Overview", *Journal of Network and Computer Applications*, Vol. 190（September 2021）, pp. 103–139.

相同特征的多个地址聚类，识别至少拥有一个地址的现实世界用户，完善其用户画像，剥离其匿名性，以满足国家在治理加密数字货币社会风险中针对犯罪分子身份去匿名化的监管需求。

在学术领域，链上地址聚类技术主要可以分为基于启发式算法的地址聚类和基于机器学习算法的地址聚类两种。

在基于启发式算法的地址聚类方面，两类信息模型下的处理方式各不相同。

对于未花费交易输出（UTXO）模型，地址聚类方法多围绕输入地址和找零地址展开。例如，有学者提出多输入启发式算法的核心思想，即认为特定交易的所有输入地址均由同一用户控制。[①] 后续的研究进一步完善这一思想，将多输入启发式算法的结果用于鲁汶（Louvain）社区检测方法的输入，聚合得到的一个社区即对应一个用户。[②] 但由于多输入启发式算法只关注交易的输入，可能会忽略多个用户参与一笔交易的输入而产生误报，因此学者们又瞄准了未花费交易输出（UTXO）模型的另一特征，即找零地址[③]。有学者首先在实验中应用找零地址启发式方法来识别用户，认为一笔交易只有两个输出地址时，新出现的地址即为找零地址。[④] 而后

[①] Fergal Reid, Martin Harrigan, "An Analysis of Anonymity in the Bitcoin System", in *Security and Privacy in Social Networks*, Yaniv Altshuler, et al.（eds.）, New York: Springer, 2013.

[②] Cazabet Remy, et al., "Tracking Bitcoin Users Activity Using Community Detection on A Network of Weak Signals", in *Complex Networks & Their Applications VI: Proceedings of Complex Networks 2017*（The Sixth International Conference on Complex Networks and Their Applications）, Lyon, France, November 2017, Springer International Publishing, 2018.

[③] 找零地址是指在未花费交易输出（UTXO）模型下的某笔交易中，作为输出地址来接收该笔交易的找零的地址。该地址可以是交易输入地址中的某一个，也可以是单独创建的新地址。一次性找零地址则是指系统自动创建用于充当找零地址的新地址，此类地址不是由用户自发创建，一般属于用户未知，很少被重用（故名一次性）。

[④] Elli Androulaki, et al., "Evaluating User Privacy in Bitcoin", Financial Cryptography and Data Security:17th International Conference, Okinawa, Japan, April 2013, Revised Selected Papers 17, Springer Berlin Heidelberg, 2013.

有学者继续改进，利用多条件识别一次性找零地址，结合多输入启发式算法，认为该地址与所有输入地址均应属于同一用户。[1]

而对于账户模型，上述方法不再适用，有学者根据以太币交易中的存款账户复用、空投多方参与和自我授权[2]场景提出了三种启发式规则，最终经实验验证存款账户复用启发式算法最有效。[3]

在基于机器学习算法的地址聚类方面，随着地址标签的广泛应用，现有研究多采用有监督或半监督的方法，利用地址二分类或多分类任务识别非法地址或账户，所用技术主要包括随机森林（RF）、支持向量机（SVM）、分布式梯度增强库（XGBoost）、图神经网络（GNN）及其变体等。

例如，关于机器学习，有学者使用原始交易数据构建解释变量来检测以太坊网络中的账户是否涉嫌欺诈，并测试了随机森林、支持向量机、分布式梯度增强库三种分类器的效果，发现随机森林分别在召回率和误报率方面获得了最佳结果。[4] 也有研究重点关注比特币网络中的矿工、赌博机构、交易所等不同角色，提取其交易特征并输入随机森林、支持向量机等

---

[1] Feng Liu, et al., "Bitcoin Address Clustering Based on Change Address Improvement", *IEEE Transactions on Computational Social Systems*, January 2023.

[2] 存款账户是指交易所通常会为不同一般账户生成不同的存款地址供用户存钱，存款账户复用则认为使用了同一存款账户的所有一般账户均属于同一用户。而空投多方参与是指同一用户可能会注册多个账户参与首次代币发行空投并将加密数字货币聚合到同一个账户中。自我授权则认为同一用户可能会调用授权函数将某一账户中的部分余额授权给他所拥有的另一个账户使用。

[3] Friedhelm Victor, "Address Clustering Heuristics for Ethereum", Financial Cryptography and Data Security: 24th International Conference, FC 2020, Kota Kinabalu, Malaysia, February 2020, Revised Selected Papers 24, Springer International Publishing, 2020.

[4] Michal Ostapowicz, Kamil Żbikowski, "Detecting Fraudulent Accounts on Blockchain: A Supervised Approach", Web Information Systems Engineering‑WISE 2019: 20th International Conference, Hong Kong, China, January 2020, Proceedings 20, Springer International Publishing, 2019.

算法中进行地址多分类，发现随机森林和决策树的宏指令 1（Macro-F1）得分明显高于平均。[1]

关于深度学习，有学者提出基于注意力的图神经网络模型，充分利用比特币交易网络中的结构信息和时间信息来检测比特币地址是否非法，发现引入注意力机制的图神经网络能更好地识别比特币非法地址。[2] 有学者以图卷积网络（GCN）为核心设计身份推理模型，来区分以太坊网络中的矿工、合约、交易所、钓鱼欺诈等正常和异常账户，发现利用区块链交易图特征（例如交易密度、二阶近邻性等）增强后的图卷积网络效果要更好。[3]

二、异常交易发现技术

区块链本身去中心化、透明可溯源、不可篡改的性质使得链上交易具备同样的特征。[4] 加密数字货币的交易无须经过可信任的第三方，交易记录经过链上各个节点之间的共识后才被打包至区块中，公开透明，且可以通过区块链浏览器直接查询，让交易流程的记录以及加密数字货币的流转变得更加高效。但同时，交易匿名、低手续费等诸多便利也使得交易安全事故频频发生，双花攻击、数据造假、价格操纵、洗钱、勒索等不符合正常规则的交易很可能会给个人投资者与机构带来巨大损失，加密数字货币

---

[1] Radoslaw Michalski, et al., "Revealing the Character of Nodes in A Blockchain with Supervised Learning", *IEEE Access*, Vol. 8（June 2020）.

[2] Hao Tian, et al., "Attention-based Graph Neural Network for Identifying Illicit Bitcoin Addresses", Blockchain and Trustworthy Systems: Third International Conference, BlockSys 2021, Guangzhou, China, August 2021, Revised Selected Papers 3, Springer Singapore, 2021.

[3] Xiao Liu, et al., "A Graph Learning Based Approach for Identity Inference in DApp Platform Blockchain", *IEEE Transactions on Emerging Topics in Computing*, Vol.10, No. 1（March 2020）.

[4] 孙国梓等：《区块链交易安全问题研究》，《南京邮电大学学报（自然科学版）》2021 年第 2 期。

行业亟须针对这些异常交易进行高效检测和有效监管。

异常交易发现技术应运而生，该技术通过处理与分析链上原始交易数据，挖掘其中的交易模式与特征，筛选出与正常和异常交易相关的高价值信息，并借此识别异常而特殊的交易。该技术可以帮助监管机构及时、准确甚至有预见性地探知加密数字货币的异常交易，能够更好地满足国家防范加密数字货币金融风险（如投机炒作、违法交易等）和社会风险（如洗钱、恐怖主义融资等）的要求。

现阶段，大多数异常交易发现技术仍然以机器学习和深度学习为基础，应用方法主要为逻辑回归（LR）、随机森林（RF）、支持向量机（SVM）、图神经网络（GNN）及其变体等。

例如，有学者利用主成分分析对交易数据进行降维，随后采用贝叶斯优化对随机森林的超参数进行优化，最后采用优化过的随机森林进行异常检测。[1] 也有学者先利用随机森林筛选原始交易特征，然后结合图注意力网络（GAT）对局部图结构和邻居交易节点的处理来更新原始特征，最终使用支持向量机进行异常交易检测。[2] 还有研究提出深度残差网络结构残差网络 −32（ResNet−32）学习交易特征间的非线性关联关系，并提出了三种不同的特征融合方法来处理高层抽象特征和原始特征，最后输入逻辑回归进行异常交易检测。[3]

此外，有学者另辟蹊径，采用基于局部动态选择组合的并行集成异常检测算法（LSCP）检测比特币的异常交易，并融入局部异常因子算法（LOF）、K−最近邻（KNN）等多种经典学习器以提升并行集成异常检测

---

[1]　王栋等：《基于深度 PCA 与贝叶斯优化的区块链异常交易检测》，《南方电网技术》2024 年第 9 期。

[2]　谭朋柳、周叶：《基于 GAT 与 SVM 的区块链异常交易检测》，《计算机应用研究》2024 年第 1 期。

[3]　朱会娟等：《基于多特征自适应融合的区块链异常交易检测方法》，《通信学报》2021 年第 5 期。

算法对不同异常类型的敏感程度。[①]

与上述研究关注方法更新不同，有学者着重寻找新的交易特征，从比特币交易数据中提取交易频率、总金额、时间信息编码等特征作为交易历史摘要，用其分别训练逻辑回归、支持向量机等八种机器学习分类器并对异常比特币地址进行预测和评估，发现轻量梯度提升机（LightGBM）效果最佳。[②]

此外，聚类算法和统计学方法在异常交易发现中也有部分应用，但仅作为早期研究方法。例如，有学者利用一类支持向量机检测交易数据的异常值，再利用 K- 均值（K-means）方法对相似异常值进行聚类，以识别交易中可能存在的双花攻击、分布式拒绝服务（DDOS）攻击等。[③] 有学者建立了比特币交易流可视化工具（BitConeView），对每一笔交易的流入和流出进行可视化展示，并利用统计学公式监测交易子流的"纯净程度"，以判断其是否达到欺诈或洗钱等不良交易的污染阈值。[④]

三、异常交易追踪技术

如前所述，区块链凭借哈希指针技术将区块串接成链，每个区块除了

---

① 廖茜、顾益军：《基于 LSCP 算法的比特币网络异常交易检测》，《计算机工程与应用》2022 年第 15 期。

② Yujing Lin, et al., "An Evaluation of Bitcoin Address Classification Based on Transaction History Summarization", 2019 IEEE International Conference on Blockchain and Cryptocurrency（ICBC）, Seoul, South Korea, IEEE, 2019.

③ Sirine Sayadi, et al., "Anomaly Detection Model over Blockchain Electronic Transactions", 2019 15th International Wireless Communications & Mobile Computing Conference（IWCMC）, Tangier, Morocco, IEEE, 2019.

④ Giuseppe Di Battista, et al., "BitConeView: Visualization of Flows in the Bitcoin Transaction Graph", 2015 IEEE Symposium on Visualization for Cyber Security（VizSec）, Chicago, USA, IEEE, 2015.

保存该区块的交易信息外，还额外存有前驱区块的哈希值，指向前一区块。同时，由于区块链上的交易均为地址之间的数据交互，地址可以视为节点，交易视为边，区块链交易数据可直接被建模为网络或图结构[①]，因此只要跟随特定的边和节点，便能够对每条链上交易的参与者和涉及金额进行追踪与溯源。

异常交易追踪技术建立在对链上交易进行追溯的基础上，从起始地址开始，沿着各节点的出度方向追踪交易资金流向。该技术可以实时记录交易参与方的地址，并根据交易资金流异常、交易图结构异常、交易参与方异常等标准判断和检测异常交易，或追踪、预测非法活动资金的流向，借此填补在加密数字货币违法交易追溯（金融风险）、恐怖主义融资或洗钱资金走向追踪与预测（社会风险）等方面的监管空缺。

目前，学术界主要运用图分析和启发式算法这两种技术对加密数字货币交易追踪展开研究。

在图分析方面，学者们主要关注如何设计和优化相关算法，以更好地处理加密数字货币交易图。例如，有学者提出以图挖掘技术探索异常比特币钱包地址之间的关系，通过寻找交易子图中汇合路径长度的异常值来追踪异常交易，并以 2015 年阿什利·麦迪逊（Ashley Madison）比特币勒索骗局为例分析资金汇合路径。[②] 也有学者引入时间策略来高效抽取交易子图，并利用"领导者排名"（ABW-LeaderRank）算法计算子图中节点的影响力，最终根据节点影响力确定最有可能的资金流向路径以构成交易追踪子图。[③] 有研究借助子图来处理交易追踪任务，给定异常交易的风险源，

---

① 李致远等：《基于节点影响力的区块链匿名交易追踪方法》，《计算机科学》2024 年第 7 期。

② Silivanxay Phetsouvanh, et al., "Egret: Extortion Graph Exploration Techniques in the Bitcoin Network", 2018 IEEE International Conference on Data Mining Workshops（ICDMW）, Singapore, IEEE Computer Society, 2018.

③ 李致远等：《基于节点影响力的区块链匿名交易追踪方法》，《计算机科学》2024 年第 7 期。

引入新颖的个性化排名（Rank）算法来抽取和扩展子图，并采用局部社区检测从扩展后的子图中提取与风险源有关的关键社区，以供后续验证。[①]

　　而在启发式算法方面，学者们致力于发现新的启发式规则，以达成更好的交易追踪效果。例如，有研究设置了多输入交易分组、平台交易分组（以货币基地交易平台为例）、找零地址猜测三种启发式规则获取比特币地址之间的关联，同时结合鲁汶算法分析用户之间的关系，并以2013年比特币勒索病毒加密锁（CryptoLocker）为例追踪比特币的流向。[②] 也有研究以某交易发生的时间十分接近应用程序编程接口（API）上公布的时间点、某交易涉及的总价值等于广告公布的金额为启发式规则，设计相应算法来识别希普施福特（ShapeShift）等平台中的链上交易并追踪加密数字货币间转移活动的资金流。[③]

第二节　网络层监管技术

　　点对点（P2P）网络是在传统互联网的发展过程中，由不同应用需求推动而产生的一种网络层服务。最初，它主要用于解决多媒体服务和资源管理的问题。随后，点对点网络被引入比特币原型系统，作为底层的网络通信协议，一直延续至今并被广泛用于各种区块链系统。

---

①　Zhiying Wu, et al., "TRacer: Scalable Graph-based Transaction Tracing for Account-based Blockchain Trading Systems", *IEEE Transactions on Information Forensics and Security*, Vol.18（April 2023）.

②　Baokun Zheng, et al., "Malicious Bitcoin Transaction Tracing Using Incidence Relation Clustering", Mobile Networks and Management: 9th International Conference, MONAMI 2017, Melbourne, Australia, Proceedings 9, Springer International Publishing, 2018.

③　Haaroon Yousaf, et al., "Tracing Transactions Across Cryptocurrency Ledgers", 28th USENIX Security Symposium（USENIX Security 19）, Santa Clara, USA, USENIX Association, 2019.

作为一个分布式应用体系架构，点对点网络的设计初衷和思想是通过节点之间的协同来提供一种新型网络服务能力，以适应互联网发展过程中出现的应用需求。与传统的客户端／服务器（C/S，Client/Server）架构模式不同，点对点网络打破了中心化模式，允许节点主动共享其计算能力、网络和存储资源，并兼具资源提供者（服务器）和资源访问者（客户端）的角色，节点通常只与与其相邻的一小部分节点建立连接。在加密数字货币系统中，点对点网络被广泛应用于传输交易和区块等数据。加密数字货币的网络层监管技术实际上即是以区块链系统的点对点网络为对象。

一、加密数字货币节点发现与分类技术

点对点网络的监管主要侧重于对组成网络的节点进行监管。具体包括对确认节点的身份，判断节点属于全节点、轻节点、矿工节点还是矿池节点，以确定节点是否参与挖矿。此外，还需要分析整个网络的拓扑结构，实现网络溯源，以协助找到数据或活动的始发节点。另外，代理发现也是监管中的一部分，旨在确认节点是否使用网络代理以隐藏其真实身份。最后，需要建立多个监管层级，对不同类型的节点实施分级分类的监管措施。

（一）账本节点发现与分类

区块链系统中，不是每个节点都需要包含区块链的所有功能。每个节点除必须具备的路由功能外，还可能选择性地具备部分其他功能，根据提供功能的不同，可将区块链系统中常用的节点分为全节点、轻节点等。

全节点是拥有完整区块链账本的节点，它们记录和存储整个区块链的交易历史。全节点对网络的安全性和去中心化性起着重要作用，因为它们能够验证和维护账本的一致性。轻节点是具有较小存储和计算资源的节

点，它们通常不存储整个区块链，而是依赖其他节点提供数据。轻节点用于执行轻量级的区块链操作，如查询余额和验证交易。挖矿节点负责创建新的区块，通过工作量证明或权益证明共识算法来验证和添加新交易，通常需要大量的计算资源和电力。

区块链中的节点识别是一个重要问题，节点的正确识别有助于更高效地对加密数字货币进行监管。因此提出并评估了有监督的机器学习方法，以分类节点在区块链中的角色，使用基于交易历史和有监督学习算法（例如决策树、随机森林、神经网络、支持向量机、逻辑回归和K-最近邻等）所提取的一组特征，来揭示网络中节点的特征。

（二）矿工节点发现技术

随着加密数字货币的兴起，恶意"挖矿"行为正在全球肆虐，"挖矿"行为耗费大量能源，不符合我国节能减排、推动经济社会高质量发展的政策目标。因此，国家发展改革委等部门联合发布了《关于整治虚拟货币"挖矿"活动的通知》，整治、限制和取缔加密数字货币"挖矿"活动。为从技术角度识别"挖矿"行为，可基于网络流量交互协议特征进行"挖矿"行为检测与识别，以及多维度挖矿指纹特征提取。通过分析矿池协议通信特征、区块哈希值、矿池域名等信息，能够高效且准确地自动检测和识别"挖矿"行为，并提取多维度挖矿指纹和核心指标，包括挖矿币种、算力和能耗等。这一方法降低了人工成本，实现了自动化大范围的"挖矿"行为排查。

由于运营商域名系统（DNS）数据覆盖大中小企业用户和公众用户，可以识别企业和公众用户中的恶意矿工，因此可以使用基于域名系统的人工智能算法，利用运营商域名系统流量，认证、授权和计费（AAA）日志和挖矿威胁情报数据，选择使用高斯混合模型（GMM）和二分k-均值（Bisecting K-means）混合模型对域名系统查询和响应中的模式进行识别，实时准确地检测矿工。

为了定位矿池中的矿工群体，可以从加密数字货币交易记录中识别各个矿池旗下的矿工群体。首先，跟踪每个区块新币产生后的走向，构建新币流通网络；接下来，对比相同矿池和不同矿池在相邻时间所生成的区块中构建出的新币流通网络，通过分析网络的交集与差集比例、位置以及原因，在网络中定位到矿池的矿工群体。

为针对在用户登录网页期间利用网页后台挖矿的问题，可以基于多特征识别进行恶意挖矿网页检测，并利用多层级证据保存进行恶意挖矿网页取证。该检测模型通过对"币蜂巢"（Coinhive）、JS加密货币（Jsecoin）、在线挖矿（Webmine）、"加密货币掠夺者"（Crypto-loot）四种挖矿网页的实现方式、代码特点分析，归纳总结其特征，构建出挖矿网页的多特征序列，实现对恶意挖矿网页的自动检测。

同时，可以使用"捕能"（CapJack）方法，提取混合网络下的中央处理器、内存、磁盘读取、网络接口资源等特征，结合卷积神经网络胶囊网络（CapsNet）技术来识别网页挖矿行为。实验表明，在多个应用程序同时运行的多任务环境中，"捕能"方法具有性能好、检测速度快、检测准确率高的优点。另外，也可以使用一种分析网络流量和中央处理器异值检测的混合方法，以检测主机中的加密挖矿活动。

（三）矿池节点发现技术

矿池是由操作员和矿工组成的社区，矿工通过组成矿池聚集了零散的算力，提高了挖矿的效率，因而加密数字货币挖矿的大部分产出都来自各个大大小小的矿池，矿池也成为加密数字货币节点发现的重点。但是，发现和监管矿池较为困难，其原因在于，加密数字货币网络的匿名性特征导致难以直接在交易数据中发现矿池，除少部分公开自身矿池身份的地址外，其他矿场在外观上与普通用户节点无异。同时由于矿池交易量很大，分析交易数据也更为困难。

为了解决这些挑战，可以使用名为"矿池视觉监察者"（SuPoolVisor）的可视化系统，该系统以池为中心，支持从矿池层面和地址层面对社区内的矿池进行全面可视化监控。在矿池层面，界面呈现矿池的关键统计数据和矿池之间的关系，用于监督矿池的外部表现和宏观影响。在地址层面，界面展示了地址的时间行为模式、分布结构和收入来源。"矿池视觉监察者"支持交互式识别地址身份，帮助用户找到奖励分配中的矿工，从而实现去匿名化。

二、加密数字货币网络拓扑分析

点对点网络中的每个节点只有有限的信息，通常仅知晓和保存其部分相邻节点的信息，而对于整个网络中的其他节点并不直接知晓。对点对点网络进行网络拓扑分析即通过发现和采集网络中的所有节点，利用每个节点所知的相邻节点信息，构建整个网络的网络拓扑图，从而揭示整个网络的结构和组织。

网络拓扑分析专注于研究网络的节点、连接和整体结构，重点是了解网络中节点之间的关联关系、连接模式以及可能存在的层次结构。通过对点对点网络进行网络拓扑分析，创建网络拓扑图，有助于进行网络溯源，帮助找到数据或活动的始发节点。这种分析对于解释信息如何在点对点网络中传播，以及在需要时如何定位和识别网络中的特定节点具有重要价值。

在当前研究和实际中，点对点网络拓扑分析主要有两种方法，即主动探测和被动监测。主动探测的方法采取积极主动的方式，通过主动发送查询消息等手段来寻找其他节点。而被动监测是指侦听和记录网络中传输的数据流量信息，从中获取节点信息。主动探测的方法通常速度更快，针对性更强，但需要额外的网络资源。与此不同，被动监测则避免了额外网络负担，并且能够识别网络地址转换（NAT）后的节点。

（一）基于主动探测的网络拓扑分析

基于主动探测的网络拓扑分析方法是通过主动发送请求来积极探测点对点网络中的节点和连接。研究者或分析工具会修改点对点客户端软件的行为，以发送查询消息或请求，了解网络中其他节点的信息，从而构建网络拓扑图。

既有的主动探测方法主要针对点对点软件比特流（BitTorrent）和电驴（eMule），在协议分析的基础上使用主动探测技术进行点对点网络监控，并开发了点对点网络信息监控系统。该系统实现了在互联网范围内利用比特流和电驴网络进行有害信息传播的探测功能，有效解决了点对点网络中的信息传输不易发现和不易定位问题。

加密数字货币所使用的点对点网络更为复杂，呈现动态变化的特征。为了对动态变化的拓扑结构和构成拓扑结构的节点之间的连接进行深入分析，可使用主动剪枝法（the active pruning method）来确定参与以太坊网络的节点激活情况，以测量以太坊网络的拓扑结构。结果显示该网络共有13261个节点和353606个对等节点，比以太坊节点追踪网上的节点数量多出1.5倍。

为获取更多拓扑信息，提高网络效率和安全性，可使用基于主动探测的动态拓扑监控算法，即主动拓扑监控器（AToM）。该方法根据比特币点对点网络提出，可以可靠地推断和监控比特币网络可达节点之间的连接。经验证，该方法的开销较低，且几乎无须修改即可在任何无权限区块链网络上实施。

（二）基于被动监测的网络拓扑分析

基于被动监测的网络拓扑分析方法是通过观察和记录点对点网络中传输的数据流量来观察网络的结构。研究者或监测系统不主动发送请求，而是在网络中的不同位置截获和分析流量，以识别节点之间的连接和数据传输模式。

为了重建点对点网络拓扑结构，从而识别矿工节点，可以使用被动监测的方法，通过被动监听网络中的广播消息，使用拓扑发现技术，重建最小生成树，展示从推测的源节点到观察点的广播消息所通过的路径，用于重建区块链点对点网络的拓扑结构，从而揭示出区块链中最重要的节点，即矿工节点。

在以太坊点对点网络分析方面，可以利用基于流量关联和机器学习的被动方法，在网络流（NetFlow）数据中进行在线以太坊节点检测，并监控网络流量中的以太坊节点来收集节点连接数据集。

三、代理发现技术

代理发现是一种用于检测网络中是否存在网络代理服务的技术。其主要目的是确定某个节点是否使用代理服务器来隐藏其真实的互联网协议（IP）地址或进行数据传输。在点对点网络中，节点之间通常直接连接，但某些情况下，节点可以使用代理来中继数据，增加网络匿名性或绕过特定的网络限制。代理发现有助于揭示这种行为并确定网络中的代理节点，确保网络的透明性和安全性，防止节点使用代理来规避监管或执行恶意行为。这对于保护网络的稳定性和数据传输的可信度十分重要。

学术上所研究的代理发现方法可以按照技术发展线索分为三个阶段：起步阶段主要使用交互式主机、黑名单技术等比较固定的方法；此后随着网络技术的发展形成了基于正则表达式等启发式规则的方法、基于签名的启发式方法，呈现出自动化和智能化的特征；近年随着人工智能的发展又形成了基于机器学习的方法。

交互式主机方法通常依赖于用户或管理员与主机之间的直接交互来配置和管理包括代理服务器在内的网络设置。这种方法简单直接，但效率较低，且随着网络规模的扩大和管理复杂度的增加而愈发显得无能为力。

基于黑名单技术的方法通过维护一个包含已知恶意代理服务器 IP 地址、域名或其他标识信息的黑名单，来识别和阻断通过这些代理服务器发起的网络请求或访问。黑名单技术依赖于预先建立的、不断更新的代理黑名单数据库，仅限于检测已知的代理服务，缺少扩展性。同时，黑名单通常需要通过人工方式构建，过程非常麻烦。

为了增强代理发现的可扩展性，应对代理服务器域名经常更换的问题，实现代理发现的自动化和智能化，学术界提出了基于正则表达式等启发式规则的方法，如"嗅探器"（Snort）规则等。基于正则表达式的方法实现了较好的可扩展性，但是精确度相对较低，而且正则表达式生成过程的效率也很低。

对此，学术界又提出了基于签名的启发式方法，该方法结合了水印技术，主要基于指纹和水印等数据内容。基于指纹的方法主要依赖于检查网络流量中的具体内容，例如数据包的特征属性和内容。该方法会提取这些内容的特征信息，来检测代理服务器的存在。基于水印的方法指在传入主机的网络流量中嵌入一些特定的标记或特征，称为水印，然后在传出主机的网络流量中检测是否包含这些水印特征。如果检测到含有水印的数据包，就可以判定这个主机是提供代理服务的主机。但是基于签名的启发式方法难以在加密网络中应用，因为内容被加密后不容易提取和检测，同时水印特征在加密后可能无法正确识别。

人工智能技术进步催生了基于机器学习的方法，使得代理发现过程更加智能。基于机器学习的方法不需要查看网络数据包的具体内容，而是分析代理服务的特征，因而不会侵犯用户的隐私，也没有难以检测加密内容的问题。具体可以基于一些特征来发现代理服务，如流量日志、数据包大小、时间戳、建立链接起止时间、包间延迟等。其中，基于时间戳的方法受网络环境影响很大，精度较低，缺少很好的鲁棒性。因此，可以通过流量分析，提取影梭（shadowsocks）流量特征，采用随机森林方法来发现影梭代理服务。

四、节点分级分类监管策略

加密数字货币的区块链网络由各类不同的节点组成，不同节点在网络中承担不同的功能，相应的风险也各不相同，因而需要采取分级分类的监管措施，根据节点的风险特征和重要性采取不同的监管策略。

账本节点是区块链网络中的基础组成部分，负责记录交易数据和维护区块链的稳定运行。对于账本节点，可以采取监测但不监管的策略。也就是说，关注账本节点的运行情况，但不对其进行具体干预。这种策略有利于保障区块链网络的稳定性和安全性，防止恶意攻击。

矿池节点是比特币等加密数字货币网络中的关键部分，负责验证交易和生成新的区块。由于矿池节点对区块链网络的影响较大，对其采取既监测又监管的策略较为合适。不仅需要关注矿池节点的运行状况，还需要及时查处非法"挖矿"等违规行为，确保区块链网络的健康发展。

矿工节点是加密数字货币网络中的基本单位，负责参与挖矿和执行智能合约。对于矿工节点，可以采取"监测为主，适时监管"的策略。应当实时关注矿工节点的运行情况，对涉嫌违法违规的行为进行审查和监管，以确保区块链应用的安全和合规。

智能合约节点负责执行区块链上的智能合约，具有较高的技术含量和商业价值。对于智能合约节点，可以采取监测监管的策略，实时关注智能合约节点的运行情况，对涉嫌违法违规的智能合约进行审查和监管，以确保区块链应用的安全和合规。

除了上述分类之外，还有其他类型的区块链节点，如验证节点、交易节点等。对于这些节点，也应当根据其功能和影响程度，采取相应的监管策略。

第三节 账户层监管技术

在加密数字货币的体系结构中，账户层是指与加密数字货币交易有关的用户账户和智能合约账户。账户层通常包含了用户的公钥和私钥信息、账户余额、交易历史记录，以及参与的各种智能合约。

因此，账户层监管主要需要对交易的合规性和账户的安全进行监管，包括以下几个要点：

（1）身份验证与授权：账户层监管需要确保加密数字货币系统中的用户是通过合法和合规的方式进行身份验证的。这通常涉及实名认证，即所谓的"了解你的客户"（KYC）过程。

（2）交易监控：账户层监管还需要对账户进行的所有交易进行监控，以便检测和预防非法活动，如洗钱、欺诈或恐怖融资。

（3）智能合约的合规性：智能合约是自动执行的合约，其操作应遵守法律法规。账户层监管需要确保这些智能合约没有被用于非法目的，并且它们的执行结果符合监管要求。

（4）资产管理：账户层监管技术还要能够追踪和管理在账户层的资产流动，确保资产转移的合法性，并在涉及非法活动时有助于资产的回收或冻结。

（5）风险管理：账户层监管还要求对各类风险进行评估和管理，比如对市场操纵、异常交易行为的检测，以及对于账户资产的安全性进行保护。

上述的监管目标能够被共识机制与链路检测所覆盖，因此，本书主要研究了基于共识机制的账户层监管、基于日蚀攻击防御的链路监管这两种账户层的监管技术。基于共识机制的账户层监管保证智能合约的合规性和交易的真实性。在此机制下，网络节点共同验证和确认交易，确保交易的合法性并符合智能合约的规定。基于日蚀攻击防御的链路监管策略则强化了系统对外部攻击的抵御能力，保护用户账户和资产的安全，从而优化资产管理和风险管理的效果。

一、基于共识机制的账户层监管技术

基于共识机制的账户层监管技术是指在区块链技术中，通过共识算法来实现对账户活动和交易行为的监管。这种监管技术利用共识机制的分布式和去中心化特性，以确保网络中各节点在账户信息和交易数据上达成一致，从而在不牺牲去中心化的前提下，实现对账户层面的有效监管。

在区块链系统中，共识机制是一种核心技术，它解决了分布式网络中的一致性问题。通过共识机制，网络中的节点需要对新的交易和账本状态达成一致的认可，才能将交易永久记录在区块链上。前文已经介绍了多种形式的共识机制，如工作量证明（PoW）、权益证明（PoS）、委托权益证明（DPoS）和实用拜占庭容错（PBFT）等。

基于共识机制的账户层监管技术在数字货币体系中扮演着关键角色，其解决的主要问题包括：确保交易的有效性和真实性，维护网络的公正性和透明性，提高网络安全性以抵御攻击，防止双重支付，监督智能合约的执行以确保合规性，跨链监管以确保多链环境中交易的合法性和合规性，以及利用数据分析和行为识别技术增强市场监管能力。这些措施共同构建了一个更加安全、可靠且透明的数字货币交易环境。

在账户层监管方面，共识机制可用于实现监管节点的实时监控。例如，通过在共识过程中嵌入特定的监管规则，监管节点可以在交易被最终确认前对其进行审查，拦截和标记可疑交易。一些研究也提出了利用智能合约来增强共识机制的监管能力。例如，可以设计智能合约对账户进行自动化的合规检查，对不符合规定的交易自动执行回滚操作。还有的研究通过分析链上数据，使用机器学习方法对账户行为进行模式识别，以此来发现潜在的非法交易或异常行为。

总的来说，基于共识机制的账户层监管技术，通过集成监管规则到共识过程中，以及结合智能合约和机器学习技术，提供了一种既保证区块链去中心化特性，又能有效监管账户行为的解决方案。这些研究表明，通过技术创新可以在确保区块链系统安全性的同时，也满足监管合规的需求。

二、基于日蚀攻击防御的链路监管策略

在区块链技术中，日蚀攻击是一种网络层面的安全威胁，攻击者通过占据受害者节点的全部网络连接来隔离受害者节点，阻止其接收到网络中的有效信息。这种攻击对区块链的去中心化和安全性构成了严重的威胁，因此基于日蚀攻击防御的链路监管策略显得尤为重要。

链路监管策略的核心目标是通过实时监控网络连接状态、动态调整节点连接策略以及严格验证交易和区块信息的真实性，来全面保护区块链网络的安全。具体而言，策略涵盖以下关键方面：优化节点发现与管理策略，通过增加节点发现过程的随机性和引入多源节点验证机制，以降低对单一节点的过度依赖；实现网络连接的多样化，与多个不同网络拓扑的节点建立连接，提升系统的冗余性和复原力；加固数据验证与共识机制，确

保每个交易或区块不仅经过本地节点的验证，还需要通过网络中其他节点的交叉验证；实施行为分析与异常检测，利用机器学习等方法实时监控网络流量和节点行为，及时发现并隔离异常节点。

链路监管的各项具体策略共同协作，从而防止节点隔离，确保节点能从多个独立来源获取真实的网络信息，验证节点传播数据的真实性，增强网络整体安全性，保护共识机制的健康运作，监测和管理网络流量以及及时检测和响应异常行为，进而有效抵御日蚀攻击及其他网络威胁，强化区块链网络的安全性和稳定性。

在技术论证方面，已有文献提供了丰富的案例研究和模拟实验，证明了上述策略的有效性。例如，有学者在 2015 年的研究中提出了一种基于网络拓扑分析的防御机制，可以有效识别并隔离恶意节点。[1] 2018 年，有研究使用了机器学习技术对节点的行为进行分类，成功地识别出进行日蚀攻击的节点。[2]

基于日蚀攻击防御的链路监管策略需要从多个维度出发，不断完善和创新，以适应不断演变的安全威胁，构建出一个更加坚固的区块链网络防御体系，确保区块链网络的稳定和安全。

第四节　应用层监管技术

应用层监管关注钱包应用、去中心化应用（DAPP）、客户端软件等区块链相关应用，通过收集应用文件及其运行过程中产生的各类中间数

---

[1]　Ethan Heilman, et al., "Eclipse Attacks on Bitcoin's Peer-to-Peer Network", 24th USENIX Security Symposium, Washington, D.C., USA, USENIX Association, 2015.

[2]　Yuval Marcus, et al., "Low-Resource Eclipse Attacks on Ethereum's Peer-to-Peer Network", IACR Cryptol, ePrint Arch, 2018.

据、结果数据进行分析研究，提取其代码、状态、行为特征、后台资源，用以支持对加密数字货币应用的精细化监管。应用层主要监管加密数字货币领域存在技术风险的应用和用于不合规目的的应用。

智能合约是区块链最主要的应用之一，部署于公开的区块链网络上，常用于管理与操控加密数字货币，作为关键技术支撑去中心化功能的实现，其安全性对于加密数字货币生态十分重要。而基于区块链网络的外部接口，目前已形成了许多用于账户管理、货币交易等目的的电脑应用、安卓应用与苹果应用，它们涉及庞大的用户体量与复杂的金融活动，对经济社会的稳定有较大影响。基于上述考虑，应用层分别对异常合约发现技术、手机软件（APP）应用网络特征识别技术、软件应用后台资源发现技术三类监管方法进行研究，并提出应用分级分类监管策略。

一、异常合约发现技术

异常合约发现关注智能合约的安全问题，旨在利用前沿技术检测智能合约中存在的各类漏洞进行风险预警。智能合约是区块链上实现特殊功能的程序代码，基于新兴的编程语言与工具进行设计、开发与测试，例如固性（Solidity）语言、维普（Vyper）语言和迁移（Move）语言。相较于传统场景，智能合约的新颖性使其在代码实现过程中会更容易形成错误，例如不适当的合约或函数访问、整数范围错误、无法使用安全的随机数，产生可利用的漏洞使得用户加密数字货币或数据无法得到存储或保护，在此基础上实现的应用功能最终崩溃或被恶意使用。[①]

智能合约漏洞可以被划分为来自代码、执行过程、区块链系统三个层面的问题，包括可重入漏洞、整数溢出漏洞、以太冻结漏洞、短地址漏

---

① 钱鹏等：《智能合约安全漏洞检测技术研究综述》，《软件学报》2022 年第 8 期。

洞、调用栈溢漏洞、时间戳依赖漏洞、区块参数依赖漏洞、交易顺序依赖漏洞等。[①]

目前，已发展出丰富的检测方法来增强检测的完备性，包括形式化验证法、符号执行法、模糊检测法、污点分析法和深度学习法。[②]

形式化验证法使用数学或逻辑语言来描述合约的行为，将其转化成形式化模型，并通过严格的数学推理逻辑对合约进行分析与检查。F* 是用于程序验证的编程语言，通过将智能合约源代码与虚拟机字节码转化为F* 进行分析，可以验证合约执行的安全性与功能的安全性。[③] 基于序列模型的算法配置（SMAC）语言也可以应用于合约分析场景，利用基于序列模型的算法配置对智能合约的状态与属性形式化建模后展开动态分析，可以验证合约中存在的有效回调属性。[④] 宙斯（Zeus）框架能够对智能合约形式化验证进行自动分析，兼顾考虑了基础编程的安全性与高级逻辑的正确性。[⑤] 宙斯（Zeus）框架以智能合约文件作为输入并基于可扩展访问控制标记语言（XACML）生成形式化规范，再将两者都转化为低级的中间表示，利用静态分析确定断点，最后将插入了断点的中间表示传入验证引擎完成对合约的验证。链安公司推出了自主研发的自动形式化验证工具——链安安全验证即服务（VaaS），覆盖漏洞范围多，能够精确定位代码风险点，并提供修改建议。

---

① 张潆蓺等：《以太坊 Solidity 智能合约漏洞检测方法综述》，《计算机科学》2022 年第 3 期。

② 董伟良等：《智能合约漏洞检测技术综述》，《软件学报》2023 年第 1 期。

③ Karthikeyan-Bhargavan, et al., "Formal Verification of Smart Contracts: Short Paper", 2016 ACM Workshop on Programming Languages and Analysis for Security, Vienna, Austria, Association for Computing Machinery, 2016.

④ Shelly Grossman, et al., "Online Detection of Effectively Callback Free Objects with Applications to Smart Contracts", *Proceedings of the ACM on Programming Languages*, Vol. 2, Issue POPL（January 2018）.

⑤ Sukrit Kalra, et al., "ZEUS: Analyzing Safety of Smart Contracts", Network and Distributed System Security Symposium 2018, San Diego, USA, 2018.

　　符号执行法将合约中的变量符号化，在逐条解释程序指令的同时更新执行状态、搜索路径约束，通过对所有可执行路径的探索进行漏洞检测。奥因特（Oyente）工具基于模块化设计，包含控制流图构建器（CFGBuilder）、探索器（Explorer）、核心分析器（CoreAnalysis）和验证器（Validator）四个模块，分别用于合约控制流图构建、合约执行、对检测目标进行逻辑分析，以及结果过滤与输出，它的输入为智能合约的字节码与当前以太坊的全局状态，输出为异常的符号路径。[1] 轻量级的分析工具"安全确认"（securify）将字节码作为输入，符号化地分析智能合约中控制依赖关系，从中提取精确的语义信息，最后与预先定义的"合规模式"与"违反模式"两类属性规则进行匹配检查，分析智能合约的安全性。[2] 而提以太（teEther）工具同时实现了漏洞的检测与漏洞的利用，它从合约控制流图中确定关键路径再基于符号执行的方法将路径转化为一组约束，并利用约束求解推断触发该漏洞必须执行的事务，同时完成漏洞的检测。[3]

　　模糊检测法通过提供大量随机、无效或异常的"模糊数据"作为输入，监控智能合约的执行状态，检查是否出现了异常行为、执行中断等问题。最早提出的利用模糊框架进行智能合约漏洞检测的方法是合同模糊器（ContractFuzzer），它基于智能合约的应用程序二进制接口（ABI）规范生成模糊输入，定义测试准则来检测漏洞，同时基于以太坊虚拟机（EVM）

① Loi Luu, et al., "Making Smart Contracts Smarter", in *Proceedings of the 2016 ACM SIGSAC Conference on Computer and Communications Security*, New York: Association for Computing Machinery, 2016, pp. 254−269.

② Petar Tsankov, et al., "Securify: Practical Security Analysis of Smart Contracts", 2018 ACM SIGSAC Conference on Computer and Communications Security, Toronto, Canada, Association for Computing Machinery, 2018.

③ Johannes Krupp, Christian Rossow, "teEther: Gnawing at Ethereum to Automatically Exploit Smart Contracts", 27th USENIX Security Symposium, Baltimore, USA, USENIX Association, 2018.

记录执行过程，通过对日志的分析完成漏洞检测。[1] 思福斯（sFuss）是一种自适应的模糊分析工具，拥有与应用级组帧（ALF）类似的架构，采用反馈自适应模糊策略来提高测试用例的覆盖率，相比于合同模糊器等方法有更高的检测效率与漏洞覆盖范围。[2] 在标准灰盒模糊方法的基础上，海威（Harvey）工具进一步拓展了预测新输入的能力，同时利用需求驱动的序列模糊解决智能合约在其生命周期中转换的问题，提升了漏洞检测的有效性。[3]

污点分析法是将输入的数据标记为污点，跟踪污点数据的流向，得到具有依赖关系的相应指令集合，检查关键功能是否受到污点数据的影响，实现对漏洞的检测。瑟瑞姆（Sereum）方法在拓展的以太坊虚拟机客户端利用污染分析来监控智能合约从存储变量到控制流决策的数据流，发现可能存在的重入漏洞。污点分析法也常常与符号执行法结合，协同完成漏洞检测，例如，关注整数漏洞的检测框架奥西里斯（Osiris）首先基于符号分析组件构建代码控制流图，以符号方式执行合约的不同路径，并将每条执行指令的结果传递给污点分析组件和整数错误检测组件；其次，污点分析组件在堆栈、内存和存储中引入、传播和检查污点；最后，再由整数错误检测组件检查执行指令中是否可能存在整数错误。

深度学习法将合约转化为语义信息处理，基于自然语言处理的思想，

①   Bo Jiang, et al., "ContractFuzzer: Fuzzing Smart Contracts for Vulnerability Detection", 33rd ACM/IEEE International Conference on Automated Software Engineering, Montpellier, France, IEEE, 2018.

②   Tai D.Nguyen, et al., "sFuzz: An Efficient Adaptive Fuzzer for Solidity Smart Contracts", 42nd ACM/IEEE International Conference on Software Engineering, Seoul, South Korea, Association for Computing Machinery, 2020.

③   Valentin Wüstholz, Maria Christakis, "Harvey: A Greybox Fuzzer for Smart Contracts", 28th ACM Joint Meeting on European Software Engineering Conference and Symposium on the Foundations of Software Engineering, New York, USA, Association for Computing Machinery, 2020.

通过抽取代码中的语义信息与依赖关系，利用序列分析模型和图神经网络对其中漏洞进行检测。长短期记忆网络（LSTM）是循环神经网络的一种变体，在研究中被用于智能合约操作码层次上的特征提取，取得了比符号分析工具更有精确的检测结果。在此基础上，双向长短期记忆网络（BiLSTM）被引入漏洞检测场景，通过对利用数据字典转后的合约操作码进行学习训练，挖掘出更丰富的语义特征，同时结合注意力机制增强了模型的有效性与可解释性。[1] 此外，有研究从图数据挖掘的角度出发，依据代码语句之间的数据与控制依赖关系，将智能合约的源代码转化为合约图，图中的节点表示关键的函数调用或变量，而边表示它们的时间执行轨迹，提出了一种用于智能合约漏洞检测的时间消息传播网络模型（TMP），实现了较好的检测效果。[2]

二、手机软件（APP）应用网络特征识别技术

手机软件（APP）应用网络特征识别旨在从网络层面挖掘应用程序的可检测特征，以便对其进行分析、分类和监控。通过抓取应用程序流量数据进行分析处理，获取软件应用传输流量的字节特征、统计特征、时序特征等，并结合分类方法实现对目标应用程序类别与风险的识别，从而设计相应的监管举措。例如，监管方通过流量分析确定网络中用于炒作加密数字货币的软件应用，便可对其采取具体的监管措施，保障社会经济的稳定性与安全性。

---

[1]　Chen Qian, et al., "A BiLSTM-Attention Model for Detecting Smart Contract Defects More Accurately", 2022 IEEE 22nd International Conference on Software Quality, Reliability and Security（QRS）, Guangzhou, China, IEEE, 2022.

[2]　Yuan Zhuang, et al., "Smart Contract Vulnerability Detection Using Graph Neural Networks", Twenty-Ninth International Joint Conference on Artificial Intelligence, Yokohama, Japan, 2021.

应用流量数据包含了报头信息、有效负载、协议标识、特定协议的源数据等内容，通过在网络中抓取应用流量进行初步处理，可以获取流量的字节特征与统计特征。利用规则匹配或算法设计的方式，对于深入分析获取的报文信息与载荷内容，可以抽取出流量中的源端口与目的端口号、源互联网协议与互联网协议、协议信息、行为指令、签名、证书等静态指标。同时，可以收集数据包的长度、平均大小、字节大小，数据包持续时间、到达时间，流到达时间、持续时间等数据构建统计特征。此外，考虑到网络流量的产生和传输是连续的，它随着时间的变化而变化，与前后传输的流量都具有一定的联系，流量数据中也包含丰富的时序特征。

目前常用的流量识别分类方法可分为基于网络端口的方法、基于深度报文检测的识别方法、基于机器学习的识别方法、基于深度学习的识别方法。

基于端口特征可以利用端口匹配的方法实现对应用类别简单高效的识别。[1]早期不论是传输控制协议（TCP）还是用户数据报协议（UDP），每一项应用都会被互联网号码管理机构分配一个固定且公开的端口号，因此采集一条数据流中的某个数据包就可以实现流量识别，简单易操作。深度报文检测（DPI）则是对报文的有效载荷进行分析，捕获其中具有特殊含义的字段特征构建特征库，从而展开网络流量识别任务。

但在发展过程中出现了自定义端口、随机端口以及端口伪装策略与流量传输加密技术，传统的特征提取与识别方法不能满足需求，机器学习的方法被引入该领域，旨在解决加密流量识别的难题。[2]基于机器学习识别方法的核心思想是：不同服务产生的流量特征有不同的统计属性，通过提取相关特征并采用机器学习模型进行训练，即可实现分类。相较于端口匹配、

① 王倪：《基于端口识别的网络流量分类模式的改进》，《电脑知识与技术》2017 年第 3 期。
② 相银堂等：《加密流量分类识别研究综述》，《信息化研究》2023 年第 3 期。

深度报文检测技术，基于机器学习的方法可以很好地应用于加密流量。[1]

根据训练数据是否有标签，机器学习识别方法可划分为有监督、无监督和半监督方法，适用于不同情境下获取的流量数据。有监督方法适用于在历史监管过程中已被捕获并确定类型的应用流量数据，包括贝叶斯[2]、支持向量机（SVM）[3]、决策树[4]等方法。其中，基于决策树的方法具有突出表现[5]，也是最常用的算法。

无监督方法旨在没有标签的情况下根据应用传输流量特征对样本进行聚类，从异常簇中发现问题流量，目前最常用的是基于 K- 均值（K-means）聚类算法。为了改善流量识别准度，可以将 K- 均值与组织神经网络（Self-Organizing Map，SOM）融合，解决组织神经网络生成类别过多和 K- 均值太依赖人工设定参数的缺点，相比于其他基于 K- 均值的模型取得了最高的分类准确率。同时，也可以基于核密度对 K- 均值进行优化，引入聚类有效性判别准则来确定聚类数量，提高分类准确率。[6]

---

[1] 郭宇斌等:《基于深度学习的加密流量识别研究综述及展望》,《通信技术》2021 年第 9 期。

[2] Jiwon Yang, et al., "Bayesian Neural Network Based Encrypted Traffic Classification Using Initial Handshake Packets", 2019 49th Annual IEEE/IFIP International Conference on Dependable Systems and Networks - Supplemental Volume（DSN-S）, Porto, Portugal, IEEE, 2019.

[3] Justine Sherry, et al., "Blindbox: Deep Packet Inspection over Encrypted Traffic", 2015 ACM Conference on Special Interest Group on Data Communication, New York, USA, Association for Computing Machinery, 2015.

[4] Gerard Draper-Gil, et al., "Characterization of Encrypted and VPN Traffic Using Time-related", 2nd International Conference on Information Systems Security and Privacy, Porto, Portugal, SciTePress, 2016.

[5] Riyad Alshammari, A. Nur Zincir-Heywood, "Machine Learning Based Encrypted Traffic Classification: Identifying Ssh and Skype", 2009 IEEE Symposium on Computational Intelligence for Security and Defense Applications, Ottawa, Canada, IEEE, 2009.

[6] 刘纪伟等:《一种基于改进 K-means 算法的网络流量分类方法》,《电子技术应用》2017 年第 11 期。

半监督方法旨在利用部分有标签数据来训练模型，从而对未知类别流量进行判别。可以构建阶梯网络模型，同时结合网络流统计特征和原始字节流特征实现分类，增强了流量识别过程的鲁棒性。①

为了克服机器学习依赖先验知识的问题，加强对流量特征的表征能力，深度学习技术被用于流量识别任务。卷积神经网络被用于构建加密流量识别模型，取得了比传统机器学习更高的分类准确率。随着研究的深入，文本分类卷积神经网络（Text-CNN）被发现可以解决卷积神经网络忽略了加密流量层次结构的问题，实现分类的平滑化处理。②

其中，流量时序特征的获取是一个重要的实践方向，通常以会话作为粒度对所获取的流量数据进行切分，提取会话中数据包的字节大小组成时间序列，再传入序列分析模型中进行时序特征抽取，如长短期记忆网络（LSTM）、变压器（Transformer）等。两类模型融合也有助于进一步提高模型效能，如基于卷积神经网络、卷积注意力（CBAM-BiGRU、Attention）构建的模型，无须解密就可以自动提取空间和时序特征，加强了对加密流量特征的表征。③

三、软件应用后台资源发现技术

后台资源发现技术旨在从加密数字货币应用中定位真正提供加密数字货币服务的后台。应用软件中的资源可能存在跨服务调用，如新闻类应用

---

① 卢宛芝等:《基于半监督多视图特征协同训练的网络恶意流量识别方法》,《通信技术》2022 年第 4 期。

② Mingze Song, et al., "Encrypted Traffic Classification Based on Text Convolution Neural Net-works", 2019 IEEE 7th International Conference on Computer Science and Network Technol-ogy（ICCSNT）, Dalian, China, IEEE, 2019.

③ 邓昕等:《基于 CNN CBAM-BiGRU Attention 的加密恶意流量识别》,《计算机工程》2023 年第 11 期。

软件可能调用其他新闻平台中的新闻资讯，同样，加密数字货币应用可能调用其他广告提供商的服务来实现广告投放。因此，如何从流量中识别出提供关键的主服务，对于精准发现交易平台提供方、降低误报率具有重要意义。

后台资源发现技术的基本流程可分为静态分析、动态分析、数据跟踪和数据解析四个步骤。静态分析技术旨在确定与后台资源调用相关的关键函数。动态分析技术旨在静态分析的基础上，设计输入参数，跟踪程序的响应，确定程序调用后台相关的行为与通信。数据跟踪旨在跟踪并获取数据。数据解析旨在确定应用主服务并定位互联网协议地址。

静态分析方法是在不执行代码的情况下对代码进行审查的过程。它主要关注源代码、配置文件或其他开发工件，对其进行词法、语法分析，实现代码建模，获取该程序的数据流、复杂度、控制依赖关系等信息。[①] 静态分析的工具有弗洛德罗伊德（Flowdroid）、克洛克沃克（Klocwork）、Cppcheck、科弗里提（Coverity）、弗莱芬德（Flawfinder）。利用静态分析方法，可以逐一确定应用程序在哪一部分使用了哪些涉及网络连接、数据传输、应用程序编程接口调用的函数进行通信，以及需要怎样的触发条件，从而将后续关注点落于关键函数板块。

相比于动态分析，静态分析能够捕获函数的全局信息，更方便、适用性更强，静态分析的结果还可以为动态仿真执行提供依赖信息。

以静态分析代表性工具弗洛德罗伊德（Flowdroid）[②] 为例，其核心思想为静态污点分析，具体流程为：首先，它将待测安卓安装包（APK）反编译后，解析其中的戴尔维克可执行格式（DEX）文件、应用清单

---

① 刘嘉勇等：《源代码漏洞静态分析技术》，《信息安全学报》2022 年第 4 期。

② Steven Arzt, et al., "Flowdroid: Precise Context, Flow, Field, Object−sensitive and Lifecycle−aware Taint Analysis for Android Apps", *Acm Sigplan Notices*, Vol.49, No. 6（June 2014）, pp.259−269.

（AndroidManifest.xml）等相关文件，获取其发送端（source）、接收端（sink）以及入口点，得到相应的生命周期和回调函数列表；其次，根据生命周期和回调函数列表生成虚拟主办法（dummy main-method）函数，并将其作为虚拟的主函数来模拟组件的生命周期执行，生成程序调用图（CG）和过程间控制流程图（ICFG）。通过分析过程间控制流程图，追踪从发送端到接收端的数据流，就可以获得异常信息流的路径。[①]

动态分析方法则是专注分析程序在运行过程中产生的行为数据，通常利用沙盒、虚拟机或其他技术来模拟程序的执行环境，提供各类输入与交互，评估应用程序的响应，同时对其文件传输、网络访问等情况进行监控。[②]

相比于静态分析，动态分析能够根据函数的输入准确提取函数的执行状态，在研究中常常结合静态分析所得到的依赖关系、数据流信息等来构建参数，并在模拟的执行环境中进行动态仿真，从而获取关键函数执行的状态信息。[③] 在这一过程中，可以设计不同的输入触发不同的通信过程，单独获取目标应用程序的流量，对端口、发出请求、生成日志等进行监控，获取程序的各类通信活动信息。

动态分析中的行为触发方式有两种：人工测试和工具测试。人工测试具有盲目性，代码覆盖率低，无法快速准确地触发恶意行为。工具测试通过自动化测试工具向程序发送诸如按键、屏幕滑动、系统事件等伪随机事件触发待检测程序行为。常使用的动态分析工具有进程监视器（Process Moniter）、奥利调试器（OllyDbg）、美国模糊测试器（AFL）、智多

---

① 苏祥等：《一种易部署的 Android 应用程序动态监测方案》，《计算机科学》2020 年第 2 期。

② 赵洋等：《基于沙盒的 Android 恶意软件动态分析方案》，《信息网络安全》2014 年第 12 期。

③ 尹小康等：《基于静态和动态混合分析的内存拷贝类函数识别》，《软件学报》2024 年第 7 期。

星（Sage）。

科研人员也广泛开发动态分析系统。动态污点分析系统数据追踪安卓（TaintDroid）① 通过跟踪信息流，在污点泄露处对数据进行检测。将隐私数据标记成污点数据，如果污点数据在程序运行过程中被截取、拼装、加密、传递，那么新生产的数据也会被污染。德罗伊德注入器（Droid Injector）② 基于追踪（ptrace）进程注入，将具有挂钩（hook）功能的共享库注入目标进程中，通过挂钩系统应用程序编程接口，统计系统应用程序编程接口调用频率，实现应用运行行为动态监测。

数据跟踪旨在跟踪应用各层的行为轨迹，可分为外部流量层跟踪、应用层跟踪和内核层跟踪。

外部流量层是指设备与外部进行交换的数据，包括网络流量、语音通话、短信、蓝牙、红外等通信过程产生的数据。外部流量层跟踪旨在建立恶意目标地址集，由于一个应用的网络流量较大，全部跟踪记录难度大，因此只记录应用访问恶意目标地址的流量信息，根据恶意应用样本访问的域名和互联网协议等信息建立恶意目标地址集，分析人员可以在确定某个应用为恶意应用后，将其访问的目标地址加入该目标地址集合中。

具体操作为，对于拨打电话和发送短信两种行为，可以分析安卓的通话记录和短信记录文件，将其相关信息写入监测日志中。对网络流量层行为，使用网络数据包捕获器（tcpdump）跟踪网络流量，当发现应用访问恶意目标地址时，将其行为记录到监测日志中。

对于应用层和内核层，选择跟踪应用的应用程序编程接口调用。考虑

---

① William Enck, et al.,"Taintdroid: An Information-flow Tracking System for Realtime Privacy Monitoring on Smartphones", *ACM Transactions on Computer Systems*, Vol. 32, No.2（June 2014）.

② Wenhao Fan, et al.,"DroidInjector: A Process Injection-based Dynamic Tracking System for Runtime Behaviors of Android Applications", *Computers & Security*, Vol.70（September 2017）, pp.224-237.

到系统开销，只跟踪与异常行为相关的敏感应用程序编程接口。

应用层要注意解决对 Java 敏感应用程序编程接口调用的跟踪问题，不仅要记录能够动态记录部分与隐私数据相关的 Java 敏感应用程序编程接口调用，还要能跟踪权限提升等类型的应用程序编程接口。此外，由于大量安卓恶意软件的恶意代码均用 native 语言编写，对 native 代码的检测也十分重要，可对诸如文件读写、网络访问、设备访问等相关敏感应用程序编程接口进行挂钩来跟踪 native 敏感应用程序编程接口的行为轨迹。

对于内核层，由于安卓应用程序在上层空间的所有服务申请都将使用系统调用接口最后到达 Linux 系统内核，因此记录和分析系统调用能给应用的内核层行为提供精确有效的信息。由于安卓系统中 zygote 进程是所有应用程序进程的父进程，可以通过跟踪 zygote 进程的所有子进程来达到跟踪所有应用程序进程整个生命周期期间的系统调用序列的目的。

数据解析旨在基于以上步骤获得的数据，确定主服务并定位互联网协议。现有的互联网协议追踪技术可大致划分为路由调试、数据包日志（摘要）、数据包标记、iTrace 等。[1]

路由调试技术（Input Debugging）利用路由器调试接口沿攻击数据流路径反向调试查询其来源，效率较低，依靠人工操作，无法实现自动追踪。

iTrace 即网络控制报文协议（ICMP）追踪技术，由路由器节点发送包含网络流路径信息和触发该消息的数据包内容的网络控制报文协议数据包。追踪者收集网络控制报文协议包含路径信息的数据，重构攻击流路径实现追踪。网络控制报文协议消息法会产生较大的额外流量，会影响网络性能且容易被防火墙等安全策略堵塞。

包日志（logging）技术在互联网协议包传输时，由经过的路由器要对

---

[1]　郝尧等：《多源网络攻击追踪溯源技术研究》，《通信技术》2013 年第 12 期。

所转发的数据包进行复制、计算并存储每个包的日志摘要，由回溯系统根据每个转发路由器的包摘要信息追踪互联网协议包的完整传输路径。[①] 漏警率几乎为零，且有较好的互操作性。但它需要网络业务提供商间的相互合作，对路由器的存储有较高要求，并可能会影响路由器的流量转发性能。

包标记技术[②]通过在网络中传输的数据包中编入路径信息，接收端通过收集这些包含路径信息的数据包，并根据一定的路径重构算法实现重构攻击数据包路径的目的。避免产生额外流量，不会被防火墙等安全策略堵塞，也不依赖于网络业务提供商的相互合作，路由器的标记负担也比较轻，但该类方法无法用于分段的互联网协议包，也无法用于加密的互联网协议通信。

四、应用分级分类监管策略

在加密数字货币领域，不同的应用具有不同的类别属性、风险类型、影响程度，因而也须采取不同的监管策略，施行分级分类的管理过程，以提升监管系统的效率。

对于智能合约相关的应用，由于智能合约部署过程不可逆，且处于去中心化的匿名环境中，因而需要实施智能、灵活的策略。利用异常合约发现技术对平台上的智能合约应用进行检测，发现漏洞合约，构建风险预警系统，给予加密数字货币网络上的相关用户风险警示。

对于软件类应用，则需要实施强制力更强的监管策略。基于逆向分析、流量采集、特征建模等方法工具，可以充分把握应用的网络特征，从

---

① Alex C. Snoeren, et al., "Hash-based IP Traceback", *ACM SIGCOMM Computer Communication Review*, Vol.31, No.4（August 2001）.

② 胡长俊：《概率包标记技术综述》，《通信技术》2009 年第 2 期。

而对其实际的功能类别进行判断，甄别其中的不合规应用。同时，利用流量识别工具，精准把握应用的核心业务流量，从而确定问题应用的服务后台，降低误报率。同时，利用互联网协议解析等工具，协助判断应用使用者与服务供应方的地理位置及身份。在此基础上，对于异常互联网协议可以采取设置防火墙对其发出的流量进行屏蔽与限制，保障网络环境安全，降低风险。

第四章　加密数字货币监管技术体系架构构建

　　加密数字货币由于使用区块链技术，在流通和交易过程中容易产生多元化的风险。区块链技术使加密数字货币具备全球流通、线上交易、容易诱发炒作等特征，金融风险增大，监管难度变高。同时，区块链使加密数字货币在交易时通常具备匿名性的特征，交易双方的身份可以被技术手段所隐去，可能助长赌博、洗钱、钓鱼、欺诈等大规模网络犯罪，不法分子也可以借助加密数字货币掩盖非法资金走向，利用监管漏洞逃避法律约束，引起严重且难以监管的社会风险。

　　加密数字货币的风险根植于区块链技术的架构特征，为满足我国防范加密数字货币金融风险和社会风险的监管需求，需要运用智慧治理理念，采取"以链治链"作为加密数字货币监管架构的整体设计理论。"以链治链"是指以区块链的构架和技术治理区块链，将对区块链进行监管和服务的法律法规及其实施应用"集成"在作为监管手段和工具的"监管链"上，通过监管链对接入的被监管链群进行监管，并向相关监管部门提供监管服务。通过整合现有的加密数字货币监管技术到集成式区块链系统中，解决可能危及社会稳定的潜在区块链风险，提升国家治理体系和治理能力，实现区块链监管模式和技术的原始创新。

　　"以链治链"模式下，立法者、监管部门、技术专家需要承担不同的责任，在分工的同时密切合作。立法者制定法律法规，为监管部门与企业提供法律支持，形成新的有效的监管路径，减少不确定因素带来的风险。

同时，监管部门需要与技术专家合作，将监管法律法规内嵌入区块链架构之中，从而使法律法规的执行通过代码实现。最终设计和构建面向金融与社会风险的加密数字货币监管技术架构，针对加密数字货币的金融风险和社会风险实施有效监管，积极有效应对加密数字货币金融风险难量化、社会风险难厘清的监管挑战。

第一节　业务架构

加密数字货币监管因其技术特性而与其他传统监管业务场景存在天然的异质性。在监管对象、监管主体等方面与传统监管业务场景存在较大差别，缺乏成熟经验以供参考、仿效。因此，加密数字货币监管需要在业务方面对相关事项作出明确以厘清具体监管技术需求。针对加密数字货币市场的具体监管场景，有必要预先设计、论证其监管业务架构，明确监管技术的应用场景与功能需求，为进一步规划技术安排提供基础。

一、总体架构

加密数字货币金融风险和社会风险给我国带来了不同程度的监管挑战。金融风险方面，交易规模难量化、金融风险难评估、资金流向不明确、违法交易难应对均为监管难点所在。社会风险方面，则产生了异常主体难发现、违规服务难发现、计算及存储资源难保障等诸多监管需求。面向加密数字货币监管的业务架构设计站在监管需求的角度，旨在明确监管主体、监管对象与核心业务，将金融风险和社会风险监管落到实处，为加密数字货币监管工作提供整体性指导。

整体的业务架构设计如图 4-1 所示。监管对象为加密数字货币所关联的区块链、区块链上的节点、与账户和节点有关的异常交易、与应用有关的违规服务。它们都是与加密数字货币息息相关的重要对象，涵盖数据层、账户层、应用层、网络层等多个层级。监管主体主要包括中国人民银行、中央网信办和公安部门，中国人民银行主要关注加密数字货币金融风险，公安部门则同时联合中央网信办等部门监管社会风险。核心监管业务主要包括交易规模监测、跨境流动监管、异常交易识别和违规服务发现，具体任务则有控制境内交易规模、发现跨境流动、制止异常交易、管制跨境流动、锁定异常实体、识别违规应用、监管违规服务等。

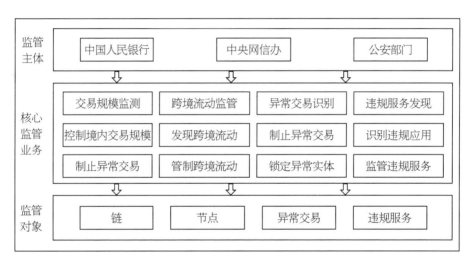

图 4-1　加密数字货币监管业务架构

二、监管对象

根据相应的风险类型，加密数字货币监管对象可以分为面向金融风险的监管对象——加密数字货币所关联的区块链和区块链上的节点，以及面向社会风险监管对象——异常主体和违规服务。

在面向金融风险的监管对象中，区块链上的节点是整个网络的支柱，扮演着验证和传输信息的关键角色。节点负责验证交易的有效性，确保规则得到遵守，并参与将新的交易添加到区块链中。对节点的监管有助于利用流量特征识别加密数字货币的跨境流动和异常交易，识别始发节点区域属性，及时进行风险预警。

加密数字货币所关联的区块链负责记录和保护交易数据，区块链上的每个区块都包含了一定时间内发生的交易数据以及前一个区块的哈希值，形成了不可篡改的链。区块链作为加密数字货币的基石，承载整个加密数字货币系统的交易记录，其透明、不可篡改的特性为监管提供了坚实基础。通过构筑监管链，能够对交易进行全方位掌握，防范潜在的金融犯罪和欺诈行为，从而维护金融体系的稳定性。

通过精细监控网络流量，实现对节点和链的监管，以确保加密数字货币交易的合法性和透明性。这种监管模式既可以深入了解链上的交易活动，确保合规性和防范非法行为；又可以将节点和区域属性关联，定位始发节点，明确加密数字货币的流动规模，维护金融体系的稳定。

在面向社会风险的加密数字货币监管对象中，异常主体交易行为可疑的主要指链上实体，违规服务主要指与加密数字货币相关的违规应用，包括钱包软件、交易平台等。对异常主体的监管旨在识别异常交易、发现链上实体，并对交易进行溯源和管控。对违规服务的监管旨在通过智能合约异常检测、应用特征识别等技术发现异常应用，识别主服务并定位 IP。

三、监管主体

随着加密数字货币市场的快速发展，中国人民银行、中央网信办、公安部门等有关机构密切关注其中的潜在风险，以确保金融体系和社会层面的稳健和安全。对于加密数字货币所带来的金融风险来说，中国人民银行和公安部门是最主要的监管主体。

前文已经介绍过，我国对加密数字货币出台的规范性文件均主要由中国人民银行牵头。2013 年，中国人民银行等 5 部委联合印发了《关于防范比特币风险的通知》，指出比特币不能且不应作为货币在市场上流通使用；2017 年，中国人民银行等 7 部委联合发布了《关于防范代币发行融资风险的公告》，将融资主体向投资者筹集虚拟货币的举措，定义为未经批准非法融资的行为；2021 年，中国人民银行等 10 部委联合发布了《关于进一步防范和处置虚拟货币交易炒作风险的通知》，提出重视交易炒作风险，并对其实施防范。中国人民银行一直紧密关注加密数字货币所带来的金融风险，采取措施防范交易炒作和扰乱金融秩序的行为，是监管加密数字货币金融风险的重要主体。

公安部门主要关注加密数字货币被犯罪分子利用为赌博、洗钱、诈骗等违法犯罪活动工具的现实问题。由于加密数字货币具备匿名性，犯罪分子可能将加密数字货币汇往境外参与赌博等非法活动，或者利用加密数字货币进行洗钱、逃避外汇管制。公安部门在查处犯罪分子加密数字货币形式的犯罪所得后，还面临如何处置加密数字货币的问题。公安部门作为重要监管主体，其职责是查处与加密数字货币的相关犯罪活动，确保加密数字货币不成为犯罪分子逃避法律制裁的庇护所，保护公众财产安全和维护社会秩序稳定。

同时，包括中国人民银行、公安部门、中央网信办在内的各部门需要通力合作，提高信息化程度和技术水平，共同实现监测和监管。具体而言，其中，应当由中央网信办负责加密数字货币底层区块链网络系统的监管，主要关注加密数字货币网络系统本身的风险特征；由中国人民银行负责加密数字货币交易炒作的监管，主要关注加密数字货币跨区域流动规模；由国家发展改革委负责加密数字货币挖矿的监管，主要关注矿工节点和矿池节点的精准发现；由公安部门负责打击利用加密数字货币从事违法犯罪活动，主要关注加密数字货币违法账户主动发现和账户交易追踪。

四、监管需求

对于加密数字货币所带来的金融风险，监管主要面临以下两个难点。

一是交易规模难量化、金融风险难评估的问题。加密数字货币市场蓬勃发展，交易规模庞大且呈现高度的碎片化特征。传统金融市场的交易量常常受到监管和报告制度的约束，而加密数字货币的去中心化特性使得交易更为分散，难以准确统计和测算。同时，由于加密数字货币价格的急剧波动使得风险的量化和预测变得复杂，投资者难以准确判断市场的未来走势。加密数字货币交易的匿名性使得交易主体难以追踪，增加了监管的难度，也为潜在的非法活动提供了便利。

二是资金流向不明确、违法交易难应对的问题。由于加密数字货币的去中心化特征，资金流向变得相对隐蔽，交易记录不像传统金融系统那样容易追踪。这使得监管机构在追溯和监控资金流动方面面临挑战，难以确切了解加密数字货币交易的真实目的和最终去向。加密数字货币的匿名性也为违法交易提供了可乘之机，使得监管机构在预防和打击违法交易方面的效力受到限制，需要更具创新性的手段和技术来有效对抗这一问题。

从金融风险的角度来看，针对上述监管难点，需要通过对网络流量进行精准监控，探索加密数字货币监管问题解决方案。深入分析交易本质和动态，实现对交易的全面监管，包括对加密数字货币市场交易规模、参与方和交易目的的详细了解，建立全面的监管体系；精准监控网络流量，及时捕捉到非正常交易行为，并在最早的阶段发出预警信号，及时制止潜在的违法违规活动，有效防范金融风险；实现交易溯源，追踪交易记录和参与方的身份信息，挖掘首发节点，对加密数字货币的跨境流动进行全面监管。

另外，面向社会风险的加密数字货币监管面临的难点可概括为以下三点：

一是异常主体难发现。由于区块链技术的匿名化、去中心化等特点，加密数字货币上的违法行为隐蔽性更强，更难主动发现，再加上境外交易平台往往不配合国内监管部门和执法部门协助调查、冻结账户等要求，识别违法账户的具体地址、确认交易资金的具体流向都面临相比于传统犯罪活动更大的挑战。

二是违规服务难发现。如何从海量应用中找到提供加密数字货币交易服务的违规应用，实现违规应用的主动发现，以及如何从应用中找到真正提供相关功能的关键主服务，实现违规服务的精准打击，是面临的重要挑战之一。

三是计算及存储资源难保障。监管体系的复杂性及监管数据的多样性，对高性能计算资源和数据存储设施提出了高要求，以确保监管系统在处理复杂、大规模的数据时保持高效和稳定，能应对各种网络安全威胁和技术挑战，传统的计算及存储资源难以保障。

针对以上难点，为了通过监管有效消解加密数字货币的社会风险，需要提升监管的技术能力与水平。具体而言，需要提升异常主体发现能力，实现以往的基于主动探测的部分加密数字货币节点发现，转变为被动监测和主动探测相结合的全部节点发现；优化违规服务发现技术，实现以往基于案件信息的违规应用被动发现、网络层的粗粒度监管，转变为基于网络特征的主动发现，以及应用层、账户层的精细化监管；通过分布式服务器集群的建立、网络架构的搭建，以及云计算平台的引入，构建出一个强大而灵活的物理基础设施，从而既可以处理大规模的加密数字货币交易数据，又能应对各种潜在的系统挑战和安全威胁。

五、监管流程

根据相应监管对象和监管需求，加密数字货币监管流程可以分为面向金融风险的监管流程——包括监测境内加密数字货币的交易规模和监管加密数字货币的跨境流动，以及面向社会风险的监管流程——包括发现、打击异常主体及其异常行为和管控违规服务。

其中，面向金融风险的加密数字货币监管流程如图 4-2 所示。

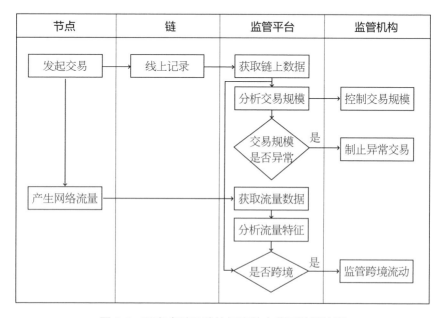

图 4-2　面向金融风险的加密数字货币监管流程

区块链上的节点发起加密数字货币交易后，这笔交易的信息在经过其他节点的共识后将被记录在区块链上，同时，发起交易的节点处会产生相应的网络流量，以便与区块链和其他节点进行通信、数据传输等。对此，监管平台会对链上交易数据和节点网络流量数据进行提取和处理，并针对加密数字货币的交易规模和跨境流动动态加以分析，向中国人民银行、公安部门等监管机构报送有价值的信息，便于其制定和实施监管举措。

对于境内加密数字货币的交易规模，监管平台从链上交易数据中发现交易币种、交易总量、交易时间及频率、交易高峰期等信息，从而向监管机构报告境内加密数字货币的整体交易规模及其变化规律，由监管机构判断是否需要采取进一步的监管措施。同时，监管平台从链上交易数据中挖掘其中的交易模式与特点，并借此识别规模异常的交易（如投机炒作、拉高出货等），由监管机构及时制止并防范此类交易继续发生。

对于加密数字货币的跨境流动，监管平台将整合链上交易数据和节点网络流量数据，分析节点参与加密数字货币相关活动所产生网络流量的特点和规模，挖掘网络流量特征和交易动态拓扑关系，并结合节点 IP 地址、网络流量走向、相关链上交易数据等信息判断该交易的参与方是否涉及境内外等多区域，从而进一步追踪或预测交易资金流向与信息传递路径，帮助监管机构发现和管制加密数字货币的跨境流动。

面向社会风险的加密数字货币监管流程如图 4-3 所示。

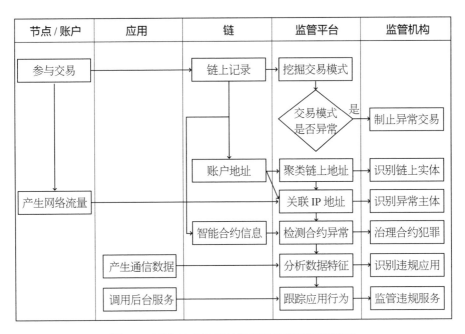

图 4-3　面向社会风险的加密数字货币监管流程

区块链上的节点或地址账户参与加密数字货币交易时会在区块链中留下相关交易记录，同时产生一定的网络流量，区块链上不仅存有交易信息和账户地址，在以太坊等支持智能合约的区块链上也存有智能合约的相关信息。此外，加密数字货币应用在被使用时则会产生明文流量数据、加密流量数据等通信数据，并调用某些后台服务。对此，监管平台从节点 / 账户、应用和链处收集与整理链上交易数据、网络流量数据、合约信息、应用通信数据、应用后台行为信息等数据，并借此分析和识别与加密数字货币有关的异常主体和违规服务，向中央网信办、公安部门等监管机构报送有价值的信息，为其制定和实施监管举措作出贡献。

对于加密数字货币异常主体，监管平台将从钓鱼、欺诈、赌博等异常交易和异常主体两个方面入手。针对异常交易，监管平台利用链上交易记录挖掘异常交易模式，构建异常模式特征库，辅助监管机构及时制止此类交易。针对异常主体，监管平台通过聚类账户地址来识别和分类链上实体，或通过将异常地址与节点网络 IP 相关联来溯源交易情况，从而帮助监管机构更加精确地锁定异常行为主体，有针对性地进行打击。

对于加密数字货币违规服务，监管平台将从异常合约和违规应用两个方面入手。针对异常合约，监管平台借助智能合约信息挖掘其语义特征、执行特征、拓扑特征等，建立异常合约自动化检测机制，进一步防范利用智能合约所展开的欺诈、赌博等犯罪活动。针对违规应用，监管平台能够实时抽取应用明文流量数据中的内容特征与加密流量数据中的统计特征，有效甄别存在违规行为的加密数字货币应用。同时，监管平台也将分析应用在后台服务调用方面的基本特征，多层级地跟踪应用行为，助力监管机构精准鉴别和管控应用的违规后台服务。

第二节　功能架构

通过业务架构方面的分析与设计，对加密数字货币进行风险治理的业务场景与技术功能需求已有较为清晰的轮廓。业务架构是对监管技术功能需求的预先分析，监管功能架构是对业务架构需求的技术路径回应。由此，为完善加密数字货币监管技术体系架构设计，有必要结合上述分析，考察现有技术框架，探索构建能够针对加密数字货币匿名性、去中心化等特性进行有效监管的监管功能框架。

一、总体架构

加密数字货币具备庞大且丰富的生态体系，涉及网络世界和现实世界中支付、交易、投资等诸多活动。由于其新颖性与特殊性，加密数字货币在诸多环节存在一定的风险漏洞，影响金融安全与社会稳定。面向加密数字货币监管的功能架构设计旨在满足我国防范加密数字货币风险的监管需求，深入把握监管角色、监管对象、核心业务等要素，对复杂多样的业务流程进行抽象、转化、整合，从而完成监管业务的落实，维护经济金融秩序与社会和谐稳定。

整体的功能架构设计如图 4-4 所示，核心为节点发现与识别、交易流量监测、跨境流动监管、异常交易识别、违规服务发现五个功能模块。

节点发现与识别	交易流量监测	跨境流动监管	异常交易识别	违规服务发现
• 节点发现 • 加密网络通道识别 • 节点库构建 • 节点类型识别 • 节点与 IP 地址关联识别	• 交易规模分析 • 交易集群发现 • 系统网络流量识别	• 网络流量识别 • 网络拓扑分析 • 跨境交易追踪	• 风险交易检测 • 异常主体发现	• 合约异常检测 • 应用特征识别 • 数据跟踪定位

图 4-4 加密数字货币监管功能架构

节点发现与识别功能包括节点发现、加密网络通道识别、节点库构建、节点类型识别、节点与 IP 地址关联识别五个子模块，主要负责发现并识别加密数字货币网络中的节点，并对其分类。

交易流量监测功能包含交易规模分析、交易集群发现、系统网络流量识别三个子模块，主要负责评估境内加密数字货币的交易规模，识别加密数字货币网络上的大规模交易集群，从而形成对加密数字货币市场交易活动的集中分析与整体把握。

跨境流动监管功能包含网络流量识别、网络拓扑分析、跨境交易追踪三个子模块，主要负责监测节点参与加密数字货币相应活动所产生的网络流量，同时分析节点网络拓扑结构以挖掘节点之间的关联关系，并在此基础上针对加密数字货币的跨境流动与交易动态进行重点关注和追踪。

异常交易识别功能包含风险交易检测、异常主体发现两个子模块，主要负责挖掘非法洗钱、交易炒作、非法资金吸纳、恶意奖励诱导等活动的模式特征，并借助节点通信的相关机制，将区块链地址与网络 IP 地址相关联，协助监管方对实时交易的判别与追溯。

违规服务发现功能包含合约异常检测、应用特征识别、数据跟踪定位三个子模块，主要负责链上问题合约的自动化检测，链下违规应用的流量识别，在此基础上确定真实的业务后台，从而定位违规服务供应方的 IP 地址。

二、节点发现与识别

随着加密数字货币的发展与升级，加密数字货币共识机制、网络架构、网络通信与网络协议都发生了转变。结合已有的区块链节点发现方法，采用主动探测和被动监测结合的方案来实现加密数字货币的节点发现与识别，分为以下五个子模块。

（一）节点发现

利用主动探测和被动监测结合的方案实现基于闪电网络的比特币节点发现技术，闪电网络是一种具有代表性的比特币扩容解决方案，它的目的是提高比特币网络的交易处理速度和可扩展性。根据闪电网络特性，提出一种针对性较强的测量架构，用于从多个角度发现闪电网络节点和通道。同时，一方面利用主动探测和被动监测结合的方案来实现以太坊 2.0 的节点发现，基于以太坊 2.0 的节点发现协议，修改开源核心客户端成为主动探测工具节点，分别植入共识层 P2P 网络和执行层 P2P 网络，分别实现节点主动发现、节点路由信息探测、节点在线验证。另一方面主动植入节点，加入以太坊 2.0 网络，捕获节点在各网络活动阶段的流量，测量并提取流量的有效检测特征，用于以太坊 2.0 节点的被动识别。然后对主动探测和被动监测得到的结果做节点属性解析和数据留存，作为后续研究的数据基础。

（二）加密网络通道识别

运用基于多任务表征增强元学习的小样本加密流量分类算法，有效提升在加密通道流量样本不足的情况下对加密通道的识别能力。在此基础上，进一步研究 TLS、TCP、HTTP 三类加密网络通道的识别技术，通过提取 TLS 特定原始流量、学习向量特征进行 TLS 类加密通道识别，针对 TCP 类加密通道模式实现了三种随机检测方法，基于对两种 HTTP 协议实现方法和流量特征的分析实现了对 HTTP 通道模式的检测。

（三）节点库构建

构建加密数字货币节点库和加密数字货币节点行为痕迹库。基于加密数字货币节点发现系统，实现对比特币和以太坊节点的动态发现和验证能力，根据系统的输出结果构建了加密数字货币动态节点库，并具备对新发现节点的验证能力和动态更新能力，通过应用协议连接验证，确保节点是活跃的、有效的在线网络节点，而不是伪造的。在验证的同时在节点库中记录在线节点的属性信息，包括节点的版本、地理位置、可用服务等信息。基于对比特币和以太坊网络流量特征的分析，研究流量解析中的协议分片和编码问题，实现对两类流量的采集，并分别设计相关的网络流量痕迹，分析留存数据库，记录节点流量中包含的消息类型、消息特征、发现协议、包数等信息。

（四）节点类型识别

节点类型识别子模块旨在对可获得的监控节点流量数据进行分析，从中总结相应的启发式规则，并基于规则推断不同类型节点的预定义特征，通过预定义特征对现有的节点进行类型嗅探，判别其全节点和 SPV 节点的属性。自行搭建客户端，通过模拟交易行为并观察对应的网络流量数据包，寻找可用于判别节点类型的特征字段及其分布规律，引入多种特征工程手段和机器学习模型，对节点特征进行深度挖掘，将预定义特征对于节点类型的划分作为有限元监督信号，用于指导模型的构建与训练，反复迭代优化更新模型，取得较预定义特征方法更加准确的节点识别模型。

运用基于预定义特征的加密数字货币节点类型判别算法，面向比特币系统，重点从通信端口特点、节点活跃性和关键消息要素三个方面对比特币网络节点进行分析，判断节点为全节点、轻节点以及其他节点。运用基于复合特征聚类的加密数字货币节点类型判别算法，面向比特币加密数字货币系统，基于加密数字货币节点在交易和通信中统计的消息类型等复合特征对节点类型进行挖掘。结合时空特征和协议特征的初步判断结果，将高置信度节点作为监督信号，用于辅助剩余低置信度节点的识别。

（五）节点与 IP 地址关联识别

节点与 IP 地址关联识别子模块旨在确定一笔交易的首发 IP 地址。对于比特币，对可获得的监测流量数据大致分为两类，包括节点类型与 IP 地址关系明确的数据、节点类型与 IP 地址关系不明确的数据。针对不同类型的数据须采用不同的分析方法。对于关系明确的数据，主要通过分析消息的特征，总结出可用于识别交易的规则，推测交易首发节点；对于关系不明确的数据，主要通过构建流量通信树，识别 IP 地址与账户之间的关系。

运用基于启发式规则的钱包 –IP 地址关联算法，通过分析节点与其邻居节点间对同一交易信息的传播交互行为，判断对该交易的知悉程度，通过对多个节点的知悉先后对比溯源首发节点。运用基于通信树的钱包 –IP 地址关联算法，利用节点间通信流量构建交易传播通信树，定位始发节点，再与相应交易的发起钱包账户进行关联。

三、交易流量监测

为解决国内监管机构难以摸清境内加密数字货币生态规模、市场波动剧烈以及一个用户拥有大量地址引起加密数字货币网络上的违法犯罪行为等难题，达成量化交易规模、链上实体去匿名化的监管目标，设置交易流量监测模块。

该模块主要面向区块链和节点网络，从数据层出发，兼顾网络层和账户层，通过交易数据来分析与评估境内加密数字货币的交易规模，通过对链上交易数据中的交易模式、地址等信息进行剖析，识别拥有大量地址的现实用户。整个模块分为以下三个子模块。

（一）交易规模分析

交易规模分析子模块的主要功能是明确境内加密数字货币的交易规模。使用从链上公开的区块数据中所采集到的加密数字货币交易数据，通过计量统计的方法分析交易币种、交易总量、交易时间和频率等信息，发现不同种类加密数字货币的交易高峰时段，总结并向监管机构报告整体交易规模及其变化规律。

（二）交易集群发现

交易集群发现子模块的主要功能是识别影响力较大的加密数字货币交易群体，可通过分析链上数据中的交易模式、地址行为等并提取其中的特征，借助地址聚类等技术发现大规模交易集群，描绘其群体画像。子模块内包含了三类经典的地址聚类启发式规则，通过匹配算法完成对加密数字货币地址的初聚类。在此基础上，通过获取每个地址在交易网络中的结构特点与交易行为特征，利用机器学习方法将具有相似特点的地址进一步聚合起来。在获得聚类地址集群后，若其中包含已被标记的涉及欺诈、赌博等行为的地址，则其所在集群中所有地址被自动划归为相应的异常类别，进入监管列表；若不含异常地址，则再利用分类模型对用户类型进行识别，识别至少拥有一个地址的现实世界用户，完善其用户画像，剥离其匿名性，从而便于监管机构从交易数据的角度识别和监管影响力较大的加密数字货币交易群体。

（三）系统网络流量识别

系统网络流量识别子模块对可获得的监控节点流量数据进行分析，挖掘可用于识别流量类型的规则。为提升规则识别的准确率，还须自行搭建客户端以抓取网络流量。运用基于关键字特征的识别算法，在真实环境下建立节点，进行交易实验分析。运用基于端口和报文特征的识别算法，使用加密数字货币网络默认配置的监听端口进行流量匹配。

四、跨境流动监管

加密数字货币具有全球流通的特征，不法分子可以利用加密数字货币轻易实现跨境交易与资产转移，从而诱发欺诈、洗钱等金融犯罪，甚至直接危害国家金融安全。为了更好地监控加密数字货币的跨区域流动，维护境内金融体系的正常运作，设置了跨境流动监管模块。

该模块主要面向区块链和节点网络，从网络层出发，兼顾账户层和应用层，负责监测节点网络流量，分析节点网络拓扑结构，并针对加密数字货币的跨境流动与交易动态进行重点关注和追踪。整个模块分为网络流量识别、网络拓扑分析、跨境交易追踪三个子模块。

（一）网络流量识别

网络流量识别子模块的主要功能为监测节点参与加密数字货币相关活动所产生的网络流量。通过分析加密数字货币系统所采用的通信协议、密码原语、密码协议及其实现方式等信息，监测与加密数字货币网络流量有关的数据，如 IP 地址、使用端口、报文长度等，并应用有监督或自监督的机器学习识别其流量特征，以辅助监管机构了解节点参与加密数字货币相关活动所产生网络流量的特点和规模。

（二）网络拓扑分析

网络拓扑分析子模块的主要功能为探测节点之间的交互网络并分析其拓扑结构。采用主动探测与被动监测相结合的方式，从单节点和节点对拓扑分析入手，并着重分析多节点网络中的复杂关联，挖掘网络流量特征和交易动态拓扑关系，从而帮助监管机构审视和理解加密数字货币网络的物理和逻辑框架，进一步揭示网络中隐藏的拓扑结构与交互模式，监控多节点间的协同犯罪。

（三）跨境交易追踪

跨境交易追踪子模块的主要功能为追溯与跟踪加密数字货币的跨境流动和交易动态。在网络流量识别与网络拓扑分析的基础上，通过 IP 地址、网络流量走向等信息判断加密数字货币交易起始方、中间参与方、截止方等不同相关角色的真实位置。运用基于群体特征的交易跨境分类算法，判断一笔交易的发送方／接收方 IP 地址在境内还是在境外。同时，借助节点交易网络的拓扑结构分析以及原始交易数据分析追踪或预测正常交易和异常交易的资金流向与信息传递路径，进而派生出有关团伙欺诈、跨境洗钱等犯罪行为的线索，填补相关监管空缺。

五、异常交易识别

由于加密数字货币的技术特性，常被不法分子用于进行欺诈、赌博等活动，产生大量异常交易，造成用户大量资产损失，也给社会秩序带来负面影响。异常交易识别模块旨在识别和响应在加密数字货币交易中出现的非法或不规范行为，为监管机构提供及时且准确的数据支持。

异常交易识别模块从加密数字货币直接、频繁参与的事务活动出发，旨在挖掘异常模式特征，从而找出网络中潜藏的风险主体，通过交易地址与 IP 地址的映射明晰交易主体的网络身份，采取一定的管理措施。这一过程结合了数据层、账户层与网络层的监管技术，覆盖从单个交易到整体网络的风险监测，包含风险交易检测、异常主体发现两个子模块。

（一）风险交易检测

风险交易检测子模块的核心目标是监控和识别加密数字货币网络上的非法或违规交易活动。为达成此目标，该子模块首先利用区块链交易记录进行深入的数据挖掘，构建一个异常模式特征库。这个特征库能够实时监控加密数字货币网络上发生的所有交易，及时识别和响应潜在的监管问题。在实际操作中，该子模块利用加密数字货币交易数据来构建交易网络，并从中抽取关键统计特征，如交易费用、时间步长、加密数字货币数量和地址数量。结合深度学习的动态模型方法，该子模块不断地利用新生成的交易数据来更新已有的交易结构。这种方法使得从行为模式演化的过程中获取动态结构特征成为可能，从而及时发现异常交易风险点。

此外，该子模块还使用机器学习和深度学习技术来处理和分析原始交易数据，挖掘交易模式与特点。这种分析有助于识别异常且特殊的交易行为，如投机炒作、拉高出货等。通过学习正常和异常交易的特征，监管机构可以更加及时、准确甚至预见性地探测加密数字货币市场的异常交易行为，进而更有效地制定和完善针对性监管政策。

（二）异常主体发现

异常主体发现子模块旨在通过先进的网络溯源技术，实现链上主体与网络 IP 的精确身份映射，从而为加密数字货币平台的监管提供关键支持。该子模块首先识别关键的目标节点，结合地理位置和所属组织信息，部署探针节点以建立针对这些目标的专门监测网络。基于精细化加密数字货币账户画像技术研究，设计基于神经网络模型的交易数据多元异构特征融合方法，利用主动嗅探技术，基于混币与跨链模式下的交易追踪技术研究，设计基于对抗型领域适应的加密数字货币混币交易追踪方法，该子模块能够追踪交易信息在各网络节点间的复杂传播路径，精确判断异常交易的始发节点。通过这种方法，异常交易地址被有效地与目标服务器节点的 IP 和客户端 IP 关联起来，使得该子模块能够精确识别出进行钓鱼、赌博等非法活动的主体。识别后，该子模块根据具体情况采取相应的监管措施，如流量拦截和隔离，有效地控制和减少社会风险。整个过程展示了该子模块在深入分析和实时监管方面的先进能力，为加密数字货币生态中的安全监控提供了一个全面而高效的解决方案。

六、违规服务发现

加密数字货币生态体系包含了部署在链上或链下的丰富应用，在给用户提供多样化服务体验的同时，也给了不法分子展开非法活动的可乘之机，例如挖掘应用技术或规则的漏洞，使用伪装手段实施诈骗、开设赌局。

违规服务发现模块旨在监测加密数字货币生态中的各类应用，以发现涉及违规服务的应用程序，实现从单一流量点到整个网络面的全面监控。核心子模块包括合约异常检测、应用特征识别和数据跟踪定位。合约异常检测子模块聚焦于链上部署的应用服务，执行精准的监测任务；与此同时，应用特征识别子模块则关注链下的应用服务，落实监测与管理需求。两个子模块相互协作，基于不同的粒度实现对应用层的全方位监管。最后，数据跟踪定位子模块通过跟踪和分析流量数据，进一步确定异常应用的 IP 身份，将监管从应用层扩展到网络层。跨层级的监控策略确保了监管的全面性和深入性，有效地防范和识别违规服务。

（一）合约异常检测

合约异常检测子模块的核心任务是识别和防范在智能合约领域内的

欺诈、赌博等违规活动。为此，该子模块深入学习和分析了欺诈性智能合约的关键属性和交互模式，这使得它能够有效地审查平台上新推出项目的合约内容，从而实现对合约行为的自动化和精准检测。在技术实现方面，该子模块采用了先进的数据分析技术和人工智能算法。通过构建一个包含多种特征的数据字典，该子模块能够识别和分析合约代码的语义特征，如合约的功能和预期行为。此外，采用序列分析模型和图神经网络，该子模块可以探索合约的执行特征，包括其在不同环境和条件下的行为模式。

此外，为了更全面地理解智能合约的行为和风险，该子模块还重点关注合约与外部环境的交互，包括用户与合约的交互方式、合约与其他合约之间的互动，甚至是合约在特定时间点的行为模式。通过深度挖掘这些交互过程中的拓扑特征和时间特征，可以揭露潜在的异常行为和风险。

（二）应用特征识别

应用特征识别子模块的主要任务是从复杂的网络流量中筛选出与违规行为相关的通信数据，实现对涉嫌违规的加密数字货币应用的有效甄别。在处理明文流量数据方面，该子模块运用基于规则匹配的算法，专注于获取流量有效载荷中的内容特征。这种方法使得模块能够挖掘出与赌博、欺诈、非法融资等违法活动相关的指令字段。通过这种深度分析，该子模块能够准确识别和分类应用发出的流量类别，从而锁定网络中涉嫌违规的加密数字货币应用。针对加密流量数据，该子模块采用更为复杂的分析策略。它从字节、数据包、流量等不同维度提取统计特征，结合序列分析工具和自然语言处理方法，构建了一个端到端的流量识别框架。这一框架的应用，使得该子模块不仅能够处理明文数据，还能有效识别加密流量中隐藏的违规信息。针对区块链钱包客户端，考虑搭建逆向分析环境，使用的工具包括动态调试、静态分析工具以及其他辅助工具，重点分析代表性钱包软件，通过脱壳、静态分析、动态调试等人工分析的技术，针对钱包应用的协议、域名、币价变化、查询余额、转账等方面。对不同分析场景（查询、转账、交易），进行调试分析，分析其使用的加密算法和通信协议，提取可利用的流量特征。

（三）数据跟踪定位

数据跟踪定位子模块旨在捕获提供违规服务的应用在后台调用方面的基本特征，并对其行为进行多层级的跟踪，确定应用真实的业务后台。该子模块首先依据获取应用的类别对应用文件进行查壳，并实施对应的脱壳方法，获取可执行文件。随后进行逆向分析，通过结合动静态的分析方法，设计不同参数作为输入，以支持在沙箱环境中对应用运行过程的动态仿真，准确提取函数的执行状态，对其请求发出、日志生成等行为进行监控，独立获取应用的特殊流量信息。该子模块将从应用层级、内核层级、流量层级进行数据跟踪，综合分析获得的多维度应用行为数据，从中鉴别出违规应用客户端与真实业务服务端进行的通信活动，采用解析技术实现对违规应用业务端 IP 的精准定位。

七、功能场景

加密数字货币监管过程覆盖金融风险与社会风险，监管功能架构的设计旨在落实管理需求，通过不同模块之间的合理调配适应不同场景不同粒度的监管，实现问题处理的多样化，增强风险应对的完备性。

面向金融风险时，各功能模块的执行流程如图 4-5 所示。交易规模分析子模块和交易集群发现子模块接收从外部获得的区块信息和交易记录，分别产生交易规模记录和大规模交易集群数据并向监管部门报送，反映加密数字货币整体交易规模及其变化规律。网络流量识别子模块和网络拓扑分析子模块以节点流量数据作为输入，处理后得到反映加密数字货币网络流量和规模、交易动态拓扑关系、隐藏交互模式等网络特征的数据，并同样向监管部门报送；同时，交易规模数据、网络流量数据和拓扑结构数据都可能被输入跨境交易追踪子模块，由其分析并产生加密数字货币流向记录，如交易资金流向、跨境资金流动路径、跨境犯罪线索等，传送给监管部门。

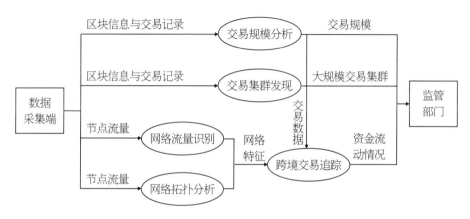

图 4-5　面向金融风险的功能执行流程

　　面向社会风险时，各功能模块的执行流程如图 4-6 所示。具体来看，风险交易检测子模块以加密数字货币的交易记录作为数据，挖掘出数据集里的异常交易与异常地址，记录并传输至异常主体发现子模块，该功能子模块将追溯并分析交易在网络中的传播路径，获取相应异常主体 IP 地址信息，输出给监管部门。合约异常检测子模块处理智能合约数据，通过特征抽取对其可能存在的风险进行检查，将存在问题的合约数据输出给监管部门。应用特征识别子模块接收应用文件与流量数据，经过逆向分析、网络特征识别等过程输出其中异常应用发出的异常流量，传输至数据跟踪定位子模块，借助后台追踪与定位技术，获取异常应用对应业务服务端 IP，并发送给监管部门。

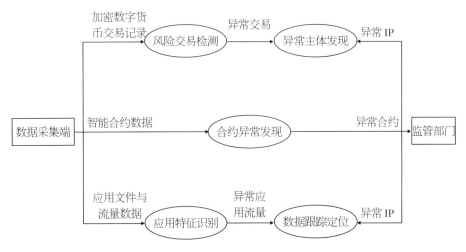

图 4-6　面向社会风险的功能执行流程

总　结

本书的目标是基于加密数字货币市场的实际发展现状，分析加密数字货币的风险机制和治理目标，基于智慧治理理念，解决加密数字货币风险形成机理与复杂动态网络环境中的多维度监测技术关键问题。随着加密数字货币及其应用逐渐由孤立的单链单币种模式发展成为复杂的跨链多币种交互模式，加密数字货币的去中心化、匿名性、透明性、全球性和不可篡改等技术特点带来的体系化监管架构缺失、监管基础设施缺位等问题逐渐暴露，提高加密数字货币生态安全监管和治理能力显得尤为重要。

针对加密数字货币的风险现状，可以从金融风险难量化、资源浪费难定位、社会风险难厘清、内容风险难应对的角度挖掘监管需求。对此，国内外监管部门和国际组织采取了不同规则导向的传统监管措施，但并不能完全解决加密数字货币相关问题。本书援引智慧治理理念，提出了面向当前监管需求的加密数字货币监管技术，阐述了数据层检测技术、网络层监管技术、账户层监管技术与应用层监管技术。针对加密数字货币金融风险、资源浪费、社会风险、内容风险等复杂多样的监管需求，各项技术融合互补、合理配置，从不同层级、不同维度有效监管不同的风险点，为构建加密数字货币跨层级穿透式协同监管体系夯实了技术基础。

最后，本书提出了面向金融与社会风险的加密数字货币监管技术体系架构。该监管技术体系架构从业务架构（监管对象、监管角色、监管需求、监管流程）和功能架构（交易规模监测、跨境流动监管、异常交易识别、违规服务发现）两方面来进行设计。基于面向金融和社会风险的加密数字货币监管技术体系架构设计，完善了对主流加密数字货币跨层级穿透式协同监管技术体系架构的研发，后续计划基于本书提出的加密数字货币监管技术体系架构，实现开发加密数字货币监管试验平台并开展监管试验验证和效果评估，以期为有关部门有效监管加密数字货币提供技术支撑。

本书所提出的加密数字货币监管技术体系架构可以为后续加密数字货币风险研究以及加密数字货币监管试验平台建设提供参考和指导，还可以适用于其他场景的安全可信监管，具有共性科学价值。加密数字货币监管技术体系架构还可以避免加密数字货币监管平台盲目或重复建设，突破传统监管面临的数据孤岛困境，促进监管部门之间、监管部门与被监管对象之间的数据共享与流通。同时，加密数字货币监管技术体系架构并非只能适用于我国大陆地区的监管环境，而是通过模块化的功能配置，可以灵活调整监管内容，从而实现其他法域所要求的监管目标。

加密数字货币监管技术体系架构并非用以完全禁止和消灭加密数字货币行业，而是有效加强对加密数字货币发展的引导和规范，实现加密数字货币的跨层级穿透式协同监管，降低金融风险和社会风险，推动加密数字货币安全有序发展。我国大陆地区对加密数字货币的禁止政策短期内因为各种原因暂时继续维持，但我国香港地区已经明确将加密数字货币（虚拟资产）纳入监管范围。通过法律手段和技术手段组成的双维监管，可以引导加密数字货币合法合规的研发使用，规范发展布局，推动区块链技术和加密数字货币行业的健康有序发展。

参考文献

钱鹏等：《智能合约安全漏洞检测技术研究综述》，《软件学报》2022 年第 8 期。

苏祥等：《一种易部署的 Android 应用程序动态监测方案》，《计算机科学》2020 年第 2 期。

李秀辉：《货币形态转变的机制与趋势——从交子与比特币的比较说起》，《社会科学战线》2016 年第 12 期。

刘泰涵：《浅析比特币价格泡沫证据、原因与启示》，《全国流通经济》2017 年第 34 期。

Hüsler，A., et al., "Super-exponential Bubbles in Lab Experiments: Evidence for Anchoring Over-optimistic Expectations on Price", *Journal of Economic Behavior & Organization*, Vol.92, August 2013.

邓伟：《比特币价格泡沫：证据、原因与启示》，《上海财经大学学报》2017 年第 2 期。

何泾沙等：《基于贡献值和难度值的高可靠性区块链共识机制》，《计算机学报》2021 年第 1 期。

田国华等：《区块链系统攻击与防御技术研究进展》，《软件学报》2021 年第 5 期。

王李笑阳等：《区块链共识机制发展与安全性》，《中兴通讯技术》2018 年第 6 期。

夏清等：《区块链共识协议综述》，《软件学报》2021 年第 2 期。

杨燕青：《中国应推动虚拟货币的全球监管协同》，《第一财经日报》2017 年 9 月 11 日。

张中霞等：《区块链钱包方案研究综述》，《计算机工程与应用》2020 年第 6 期。

兰立宏等：《论虚拟货币反洗钱和反恐怖融资监管的策略》，《南方金融》2019 年第 7 期。

李瀛等：《网络新闻敏感信息识别与风险分级方法研究》，《情报理论与实践》2022 年第 4 期。

董柞壮：《数字货币、金融安全与全球金融治理》，《外交评论（外交学院学报）》2022 年第 4 期。

韩璇等：《区块链安全问题：研究现状与展望》，《自动化学报》2019 年第 1 期。

李致远等：《基于节点影响力的区块链匿名交易追踪方法》，《计算机科学》2024 年第 7 期。

廖茜等：《基于 LSCP 算法的比特币网络异常交易检测》，《计算机工程与应用》2022 年第 15 期。

孙国梓等：《区块链交易安全问题研究》，《南京邮电大学学报（自然科学版）》2021 年第 2 期。

谭朋柳等：《基于 GAT 与 SVM 的区块链异常交易检测》，《计算机应用研究》2024 年第 1 期。

王栋等：《基于深度 PCA 与贝叶斯优化的区块链异常交易检测》，《南方电网技术》2024 年第 9 期。

王佳鑫等：《加密数字货币监管技术研究综述》，《计算机应用》2023 年第 10 期。

曾诗钦等：《区块链技术研究综述：原理、进展与应用》，《通信学报》2020 年第 1 期。

朱会娟等：《基于多特征自适应融合的区块链异常交易检测方法》，《通信学报》2021 年第 5 期。

邓昕等：《基于 CNN CBAM-BiGRU Attention 的加密恶意流量识别》，《计算机工程》2023 年第 11 期。

董伟良等：《智能合约漏洞检测技术综述》，《软件学报》2023 年第 1 期。

郭宇斌等：《基于深度学习的加密流量识别研究综述及展望》，《通信技术》2021 年第 9 期。

郝尧等：《多源网络攻击追踪溯源技术研究》，《通信技术》2013 年第 12 期。

胡长俊：《概率包标记技术综述》，《通信技术》2009 年第 2 期。

刘纪伟等：《一种基于改进 K-means 算法的网络流量分类方法》，《电子技术应用》2017 年第 11 期。

刘嘉勇等：《源代码漏洞静态分析技术》，《信息安全学报》2022 年第 4 期。

卢宛芝等：《基于半监督多视图特征协同训练的网络恶意流量识别方法》，《通信技术》2022 年第 4 期。

王倪：《基于端口识别的网络流量分类模式的改进》，《电脑知识与技术》2017 年第 3 期。

相银堂：《加密流量分类识别研究综述》，《信息化研究》2023 年第 3 期。

尹小康等：《基于静态和动态混合分析的内存拷贝类函数识别》，《软件学报》2024

年第 7 期。

张漾蓥等:《以太坊 Solidity 智能合约漏洞检测方法综述》,《计算机科学》2022 年第 3 期。

赵洋等:《基于沙盒的 Android 恶意软件动态分析方案》,《信息网络安全》2014 年第 12 期。

Androulaki, E., et al., "Evaluating User Privacy in Bitcoin", Financial Cryptography and Data Security:17th International Conference, Revised Selected Papers 17, Springer Berlin Heidelberg, 2013.

Di Battista, G., et al., "Bitconeview: Visualization of Flows in the Bitcoin Transaction Graph", 2015 IEEE Symposium on Visualization for Cyber Security (VizSec), Chicago, USA, October, IEEE, 2015.

Lin, Y. J., et al., "An Evaluation of Bitcoin Address Classification Based on Transaction History Summarization", 2019 IEEE International Conference on Blockchain and Cryptocurrency (ICBC), Seoul, South Korea, IEEE, 2019.

Liu, F., et al., "Bitcoin Address Clustering Based on Change Address Improvement", *IEEE Transactions on Computational Social Systems*, Early Access (January 2023).

Liu, X., et al., "A Graph Learning Based Approach for Identity Inference in DApp Platform Blockchain", *IEEE Transactions on Emerging Topics in Computing*, Vol. 10, No.1 (March 2020).

Michalski, R., et al., "Revealing the Character of Nodes in A Blockchain with Supervised Learning", *IEEE Access*, Vol. 8 (June 2020).

Ostapowicz, M., Żbikowski, K., "Detecting Fraudulent Accounts on Blockchain: A Supervised Approach", Web Information Systems Engineering‐WISE 2019: 20th International Conference, Proceedings 20, Springer International Publishing, 2019.

Phetsouvanh, S., et al., "Egret: Extortion Graph Exploration Techniques in the Bitcoin Network", 2018 IEEE International Conference on Data Mining Workshops (ICDMW), Singapore, IEEE Computer Society, 2018.

Reid, F., Harrigan, M., "An Analysis of Anonymity in the Bitcoin System", in *Security and Privacy in Social Networks*, Altshuler, Y.,et al. (eds.), New York: Springer, 2013.

Remy, C., et al., "Tracking Bitcoin Users Activity Using Community Detection on A Network of Weak Signals", Complex Networks & Their Applications VI: Proceedings of Complex Networks 2017 (The Sixth International Conference on Complex Networks and Their Applications), Lyon, France, Springer International Publishing, 2018.

Sayadi, S., et al., "Anomaly Detection Model over Blockchain Electronic Transactions",

2019 15th International Wireless Communications & Mobile Computing Conference（IWCMC）, Tangier, Morocco, IEEE, 2019.

Tian, H., et al., "Attention−based Graph Neural Network for Identifying Illicit Bitcoin Addresses", Blockchain and Trustworthy Systems: Third International Conference, BlockSys 2021, Revised Selected Papers 3, Springer Singapore, 2021.

Victor, F., "Address clustering heuristics for Ethereum", Financial Cryptography and Data Security: 24th International Conference, FC 2020, Revised Selected Papers 24, Springer International Publishing, 2020.

Wu, J., et al., "Analysis of Cryptocurrency Transactions from A Network Perspective: An Overview", *Journal of Network and Computer Applications*, Vol. 190（September 2021）.

Wu, Z., et al., "TRacer: Scalable Graph−based Transaction Tracing for Account−based Blockchain Trading Systems", *IEEE Transactions on Information Forensics and Security*, Vol.18（April 2023）.

Yousaf, H., et al., "Tracing Transactions Across Cryptocurrency Ledgers", 28th USENIX Security Symposium（USENIX Security 19）, Santa Clara, USA, USENIX Association, 2019.

Zheng, B., et al., "Malicious Bitcoin Transaction Tracing Using Incidence Relation Clustering", Mobile Networks and Management: 9th International Conference, MONAMI 2017, Proceedings 9, Springer International Publishing, 2018.

Heilman, E., et al., "Eclipse Attacks on Bitcoin's Peer−to−Peer Network", 24th USENIX Security Symposium, Washington, D.C., USA, USENIX Association, 2015.

Marcus, Y., et al., "Low−Resource Eclipse Attacks on Ethereum's Peer−to−Peer Network", IACR Cryptol, *ePrint Arch*, 2018.

Alshammari, R., Zincir−Heywood, A. N., "Machine Learning Based Encrypted Traffic Classification: Identifying Ssh and Skype", 2009 IEEE Symposium on Computational Intelligence for Security and Defense Applications, Ottawa, Canada, IEEE, 2009.

Arzt, S., et al., "Flowdroid: Precise Context, Flow, Field, Object−sensitive and Lifecycle−aware Taint Analysis for Android Apps", *Acm Sigplan Notices*, Vol.49, No. 6（June 2014）.

Bhargavan, K., et al., "Formal Verification of Smart Contracts: Short Paper", 2016 ACM Workshop on Programming Languages and Analysis for Security, Vienna, Austria, Association for Computing Machinery, 2016.

Draper−Gil, G., et al., "Characterization of Encrypted and VPN Traffic Using Time−related", 2nd International Conference on Information Systems Security and Privacy, Porto, Portugal, SciTePress, 2016.

Enck, W., et al., "Taintdroid: An Information−flow Tracking System for Realtime Privacy

Monitoring on Smartphones", *ACM Transactions on Computer Systems*, Vol. 32, No.2（June 2014）.

Fan, W., et al., "DroidInjector: A Process Injection-based Dynamic Tracking System for Runtime Behaviors of Android Applications", *Computers & Security*, Vol.70（September 2017）.

Grossman, S., et al., "Online Detection of Effectively Callback Free Objects with Applications to Smart Contracts", *Proceedings of the ACM on Programming Languages*, Vol. 2, Issue POPL（January 2018）.

Jiang, B., et al., "ContractFuzzer: Fuzzing Smart Contracts for Vulnerability Detection", 33rd ACM/IEEE International Conference on Automated Software Engineering, Montpellier, France, IEEE, 2018.

Kalra, S., et al., "ZEUS: Analyzing Safety of Smart Contracts", Network and Distributed System Security Symposium 2018, San Diego, USA, 2018.

Krupp, J., Rossow, C., "teEther: Gnawing at Ethereum to Automatically Exploit Smart Contracts", 27th USENIX Security Symposium, Baltimore, USA, USENIX Association, 2018.

Luu, L., et al., "Making Smart Contracts Smarter", in *Proceedings of the 2016 ACM SIGSAC Conference on Computer and Communications Security*, New York: Association for Computing Machinery, 2016.

Nguyen, T. D., et al., "sFuzz: An Efficient Adaptive Fuzzer for Solidity Smart Contracts", ACM/IEEE 42nd International Conference on Software Engineering, Seoul, South Korea, Association for Computing Machinery, 2020.

Qian, C., et al., "A BiLSTM-Attention Model for Detecting Smart Contract Defects More Accurately", 2022 IEEE 22nd International Conference on Software Quality, Reliability and Security（QRS）, Guangzhou, China, IEEE, 2022.

Sherry, J., et al., "Blindbox: Deep Packet Inspection over Encrypted Traffic", 2015 ACM Conference on Special Interest Group on Data Communication，New York, USA, Association for Computing Machinery, 2015.

Snoeren, A. C., et al., "Hash-based IP Traceback", ACM SIGCOMM Computer *Communication Review*, Vol.31, No.4（August 2001）.

Song, M., et al., "Encrypted Traffic Classification Based on Text Convolution Neural Networks", 2019 IEEE 7th International Conference on Computer Science and Network Technology（ICCSNT）, Dalian, China, IEEE, 2019.

Tsankov, P., et al., "Securify: Practical Security Analysis of Smart Contracts", 2018 ACM SIGSAC Conference on Computer and Communications Security, Toronto, Canada,

Association for Computing Machinery, 2018.

Wüstholz, V., Christakis, M., "Harvey: A Greybox Fuzzer for Smart Contracts", 28th ACM Joint Meeting on European Software Engineering Conference and Symposium on the Foundations of Software Engineering, New York, USA, Association for Computing Machinery, 2020.

Yang, J., et al., "Bayesian Neural Network Based Encrypted Traffic Classification Using Initial Handshake Packets", 2019 49th Annual IEEE/IFIP International Conference on Dependable Systems and Networks‑Supplemental Volume（DSN-S）, Porto, Portugal, IEEE, 2019.

Zhuang, Y., et al., "Smart Contract Vulnerability Detection Using Graph Neural Networks", Twenty-Ninth International Joint Conference on Artificial Intelligence, Yokohama, Japan, 2021.

责任编辑：曹　春

图书在版编目（CIP）数据

加密数字货币的智慧治理 ：监管技术体系架构构建 ／
陈哲立 ，杨东著 . -- 北京 ：人民出版社，2025. 6.

ISBN 978－7－01－027211－5

Ⅰ . F713.361.3

中国国家版本馆 CIP 数据核字第 2025JT7086 号

加密数字货币的智慧治理

JIAMI SHUZI HUOBI DE ZHIHUI ZHILI

——监管技术体系架构构建

陈哲立　杨 东　著

人民出版社 出版发行

（100706　北京市东城区隆福寺街 99 号）

北京汇林印务有限公司印刷　新华书店经销

2025 年 6 月第 1 版　2025 年 6 月北京第 1 次印刷

开本：710 毫米 ×1000 毫米 1/16　印张：14

字数：182 千字

ISBN 978－7－01－027211－5　定价：78.00 元

邮购地址 100706　北京市东城区隆福寺街 99 号

人民东方图书销售中心　电话（010）65250042　65289539